Das Reichsgesetz

betreffend die

Erwerbs- u. Wirtschaftsgenossenschaften

vom 1. Mai 1889.

In der Fassung des gemäß Art. 13 des Einführungsgesetzes zum Handelsgesetzbuch vom 10. Mai 1897 revidierten Textes.

Handausgabe mit Erläuterungen und ausführlichem Sachregister

von

Friedrich Bonschab,
Vorstandsmitglied der Bayer. Landwirtschaftsbank.

München.
J. Schweitzer Verlag (Arthur Sellier).
1899.

Inhaltsverzeichnis.

Abkürzungen.

Ausf.V.: Bekanntmachung, betr. die Führung des Genossenschaftsregisters, vom 11. Juli 1889, bezw. 1. Juli 1899.
B.G.B.: Bürgerliches Gesetzbuch.
C.P.O.: Civilprozeßordnung.
G.V.G.: Gerichtsverfassungsgesetz.
Ges. über fr. Ger.: Gesetz über die Angelegenheiten der freiwilligen Gerichtsbarkeit vom 17. Mai 1898.
Gr.B.O.: Grundbuchordnung.
H.G.B.: Handelsgesetzbuch vom 10. Mai 1897.
Landmann: Kommentar zur Reichsgewerbeordnung, 2. Auflage.
M.B.: Reichsgesetz über die Erwerbs- und Wirtschaftsgenossenschaften vom 1. Mai 1889, erläutert von Dr. Maurer, nunmehr Birkenbihl, 2. Auflage 1898.
Motive: Ohne weitere Bezeichnung sind gemeint die Motive des Entwurfes des Genossenschaftsgesetzes der amtlichen Ausgabe 1888.
Motive z. H.G.B.: Die Motive des Entwurfes eines Handelsgesetzbuches in der Fassung der dem Reichstag gemachten Vorlage. Berlin 1897.
P.Cr.: Parisius-Crüger, das Reichsgesetz betr. die Erwerbs- und Wirtschaftsgenossenschaften, 2. Auflage 1895.
R.G.: Entscheidungen des Reichsgerichts in Civilsachen.
R.G.Bl.: Reichsgesetzblatt.
Staub: Kommentar zum Handelsgesetzbuch, 2. Auflage 1894.
Zeller: Handausgabe des Genossenschaftsgesetzes von Dr. Zeller, 2. Aufl.

Einleitung.

Das Genossenschaftswesen erhielt für den Umfang des norddeutschen Bundes seine erste gesetzliche Regelung in dem Gesetze vom 4. Juli 1868 „betreffend die privatrechtliche Stellung der Erwerbs- und Wirtschaftsgenossenschaften"; durch die Versailler Verträge wurde dieses Gesetz Reichsgesetz und trat für Württemberg, Baden und Südhessen mit dem 1. Januar 1871, für Bayern am 1. August 1873 in Kraft.

Für die rechtlichen Verhältnisse der auf Grund des bayerischen Gesetzes vom 29. April 1869, betreffend die privatrechtliche Stellung der Erwerbs- und Wirtschaftsgenossenschaften vor dem 1. August 1873 „registrierten Gesellschaften", wurden die Bestimmungen des letzterwähnten Gesetzes ausdrücklich aufrecht erhalten.

Die Mängel, welche das Gesetz vom 4. Juli 1868 mit sich brachte, führten nach langen und eingehenden Verhandlungen zu dem Gesetze vom 1. Mai 1889, betreffend die Erwerbs- und Wirtschaftsgenossenschaften.

Die Klagen des Handels- und Handwerkerstandes über die unliebsame Konkurrenz der Konsumvereine veranlaßten das Gesetz vom 12. August 1896, die Abänderung des Gesetzes über die Erwerbs- und Wirtschaftsgenossenschaften vom 1. Mai 1889, sowie den Geschäftsbetrieb von Konsumanstalten betreffend.

Weitere Änderungen erfuhr das Gesetz durch Art. 10 des Einführungsgesetzes zum Handelsgesetzbuche vom 10. Mai 1897; durch Art. 13 dieses Gesetzes wurde der Reichskanzler u. a. ermächtigt, den Text des Gesetzes unter Berücksichtigung der aus Art. 10 l. c. sich ergebenden Änderungen unter fortlaufender Nummernfolge der Paragraphen und Abschnitte durch das Reichsgesetzblatt bekannt zu machen.

Diese Bekanntmachung erfolgte im Reichsgesetzblatt 1898 S. 370 und 810 ff. unter ausdrücklichem Ausschluß der in den §§ 153—170 des Gesetzes vom 1. Mai 1889 enthaltenen Schluß- und Übergangsbestimmungen.

Die Aufhebung der §§ 153—170 ist nirgends gesetzlich ausgesprochen, deren Nichtaufnahme in das Gesetz erscheint daher rechtlich nicht begründet; die Bestimmungen wurden deshalb am Schlusse des Gesetzes noch aufgeführt.

Der Bearbeitung liegt das durch die Einführung des Bürgerlichen Gesetzbuches und dessen Nebengesetze ab 1. Januar 1900 geltende Recht zu Grunde, wie ja auch die durch Art. 10 E.G. z. H.G.B. getroffenen Änderungen des Genossenschaftsgesetzes erst ab 1. Januar 1900 in Kraft treten.

Gesetz,

betreffend

die Erwerbs- und Wirtschaftsgenossenschaften.

Erster Abschnitt.

Errichtung der Genossenschaft.

§ 1.

Gesellschaften von nicht geschlossener Mitgliederzahl, welche die Förderung des Erwerbes oder der Wirtschaft ihrer Mitglieder mittels gemeinschaftlichen Geschäftsbetriebes bezwecken (Genossenschaften), namentlich:

1. Vorschuß- und Kreditvereine,
2. Rohstoffvereine,
3. Vereine zum gemeinschaftlichen Verkaufe landwirtschaftlicher oder gewerblicher Erzeugnisse (Absatzgenossenschaften, Magazinvereine),
4. Vereine zur Herstellung von Gegenständen und zum Verkaufe derselben auf gemeinschaftliche Rechnung (Produktivgenossenschaften),
5. Vereine zum gemeinschaftlichen Einkaufe von Lebens- oder Wirtschaftsbedürfnissen im großen und Ablaß im kleinen (Konsumvereine),
6. Vereine zur Beschaffung von Gegenständen des landwirtschaftlichen oder gewerblichen Betriebes und zur Benutzung derselben auf gemeinschaftliche Rechnung,
7. Vereine zur Herstellung von Wohnungen,

erwerben die Rechte einer „eingetragenen Genossenschaft" nach Maßgabe dieses Gesetzes.

Das Gesetz definiert zunächst den Begriff der Erwerbs- und Wirtschaftsgenossenschaften. Dieselben sind 1. Gesellschaften:

Vor der Eintragung besteht die Genossenschaft als solche nicht; die Mitglieder derselben bilden vorher lediglich eine Vereinigung von Personen, für deren rechtliche Konstruktion die Landesgesetze maßgebend sind; als solche erwirbt dieselbe die Rechte einer „eingetragenen Genossenschaft" nach Maßgabe dieses Gesetzes.

2. von nicht geschlossener Mitgliederzahl:

Die Zahl der Mitglieder ist unbeschränkt, nur darf dieselbe nicht weniger als 7 Mitglieder betragen (cf. §§ 4 u. 80); die Mitgliederzahl kann durch den Beitritt neuer, durch den Austritt bisheriger Mitglieder fortwährend wechseln.

3. welche die Förderung des Erwerbes oder der Wirtschaft ihrer Mitglieder mittels gemeinschaftlichen Geschäftsbetriebes bezwecken.

Die Förderung des Erwerbes oder der Wirtschaft muß den Zweck der Gesellschaft bilden; auf welche Weise dieser Zweck erreicht werden will, dies bildet den Gegenstand des Unternehmens (cf. § 6 Ziff. 2).

Während also der Zweck einer Genossenschaft dieser durch das Gesetz bestimmt ist, steht es derselben frei, durch ihr Statut zu bestimmen, auf welchem Wege und nach welcher Richtung hin dieselbe die Förderung des Erwerbes oder der Wirtschaft ihrer Mitglieder unternehmen will.

Es ist zum mindesten ungenau, den Zweck einer Genossenschaft zu identifizieren mit dem Gegenstand ihrer Unternehmung; vielmehr haben die Statuten genau und im Anschluß an den Text des Gesetzes (§ 6 Ziff. 2) festzusetzen, welches der Gegenstand des Unternehmens ist (übereinstimmend P.Cr. S. 13 u. 29—31, dagegen M.B. S. 30).

Das Criterium der Förderung des Erwerbes oder der Wirtschaft schließt natürlich nicht aus, daß die Genossenschaft beides, nämlich Erwerb und Wirtschaft, fördern will und soll.

Immer aber muß der Zweck der Genossenschaft unmittelbar auf die Förderung des Erwerbes oder der Wirtschaft ihrer Mitglieder gerichtet sein (P.Cr. S. 7).

Deshalb fallen alle die Vereine, welche Bildungs-, Unterhaltungs- oder Wohlthätigkeitszwecke erstreben, nicht unter das Gesetz.

Der Geschäftsbetrieb muß ferner ein gemeinschaftlicher sein derart, daß mit Rücksicht auf die gegenseitige und gemeinsame Beteiligung der Mitglieder die einzelnen auf den Geschäftszweck bezüglichen Handlungen erfolgen; die rechtsverbindliche Ausführung derselben obliegt den Organen der Genossenschaft.

Das Gesetz führt beispielsweise in 7 Ziffern die wichtigsten Arten von Genossenschaften, wie sich dieselben im Verkehr entwickelt haben, an; damit sollte natürlich die Errichtung von Genossenschaften, deren Gegenstand auf andere Unternehmungen gerichtet ist, nicht hintangehalten werden, soferne nur der Zweck derselben, wie in Abs. 1 bestimmt ist, den dort gestellten Anforderungen gerecht wird. Bestritten war bisher in erster Linie, ob Versicherungsgesellschaften auf Gegenseitigkeit in Form einer Genossenschaft nach gegenwärtigem Gesetze errichtet werden können; während die Frage für Versicherungsgesellschaften gegen Schaden (Vieh-, Feuer- rc. Versicherung) überwiegend bejaht wurde, wurde sie für Lebensversicherungen überwiegend verneint.

Der „Entwurf eines Gesetzes über die privaten Versicherungsunternehmungen" entscheidet sich prinzipiell für die Ausschließung der Genossenschaften von den Versicherungsgeschäften und stellt für Personenvereinigungen, welche die Versicherung ihrer Mitglieder nach dem Grundsatze der Gegenseitigkeit betreiben wollen, eine neue Organisation auf; nur die — nicht zahlreichen — bereits bestehenden Genossenschaften, welche Versicherungsgeschäfte betreiben, sollen aufrecht erhalten werden.

„Vereinigungen zu dem Zwecke, ein Gut zu kaufen, zu bewirtschaften, zu parzellieren, ländliche Wirtschaften zu errichten, insbesondere „Ackerbau-Genossenschaften" sind in der Form von Genossenschaften zulässig (cf. P.Cr. S. 11).

Von Wichtigkeit ist die Frage, ob der Geschäftsbetrieb einer Genossenschaft als „Gewerbe" im Sinne der Gewerbeordnung zu erachten ist.

So lange der Geschäftsbetrieb lediglich zur Förderung des Erwerbes oder der Wirtschaft der Mitglieder stattfindet, einen Gewinn hieraus also nicht erzielen will, fehlt anerkanntermaßen der Begriff eines Gewerbebetriebes.

Dies ist insbesondere von Wichtigkeit für die Besteuerungsfrage; cf. Bayer. Gesetz, die Gewerbesteuer betreffend vom 9. Juni 1899, Art. 21: „Der Gewerbsteuer sind nicht zu unterziehen . . . jene Erwerbs- und Wirtschaftsgenossenschaften, welche auf dem Grundsatze der Selbsthilfe beruhen, die ihrem Zwecke entsprechende Thätigkeit nur auf den Kreis ihrer Mitglieder beschränken und nicht die Erzielung eines gewerblichen Gewinnes anstreben."

Bei Beurteilung der Voraussetzungen dieser Steuerbefreiung ist der thatsächliche Betrieb des Unternehmens maßgebend. Die für das Unternehmen eingetragene Firma oder der Inhalt der Statuten dienen nur als Anhaltspunkte der Beurteilung.

In die durch gegenwärtigen Artikel bestimmte Steuerbefreiung sind nicht eingeschlossen:

a) Konsumvereine mit Ausnahme derjenigen landwirtschaftlichen Konsumvereine, welche ohne Haltung eines offenen Ladens die Vermittlung des Bezugs von ihrer Natur nach ausschließlich für den landwirtschaftlichen Betrieb bestimmten Waren besorgen;

b) „Vorschuß- und Kreditvereine mit ausgedehntem bankähnlichen Betriebe."

Handelt es sich um einen Geschäftsbetrieb seitens einer Genossenschaft, welcher konzessionspflichtig ist, so kann nicht dieser, sondern nur einem Mitgliede der Genossenschaft, in der Regel einem Vorstandsmitgliede, die Konzession erteilt werden; die Verleihung von Konzessionen an eingetragene Genossenschaften ist unzulässig (cf. § 33 Gew.-Ordn.; insbesondere Landmann a. a. O. und die dort Zitierten).

Genossenschaften, welche als „eingetragene Genossenschaften" im Sinne dieses Gesetzes gelten wollen, haben nach Maßgabe dieses Gesetzes ihre organischen und statutarischen Einrichtungen zu treffen.

Es fallen also nicht unter das Gesetz die verschiedenen Genossenschaften, welche auf demselben Zwecke wie die dem Genossenschaftsgesetze unterliegenden Genossenschaften aufgebaut, jedoch in ihren Statuten diesem Gesetze nicht angepaßt und nicht in das Genossenschaftsregister eingetragen sind.

Unsere zahlreichen Alp- und Weidegenossenschaften unterliegen daher lediglich den Bestimmungen des bürgerlichen Rechts, soweit sie eben nicht als „eingetragene Genossenschaften" konstituiert sind, was aber glaublich nirgends der Fall ist.

Ebenfalls scheiden aus dem Gesetze aus alle Genossenschaften des öffentlichen Rechts, z. B. die Be- und Entwässerungsgenossenschaften.

Hier sei hingewiesen auf das Reichsgesetz über das Auswanderungswesen vom 9. Juni 1897 (R.G.Bl. S. 463), dessen § 3 den eingetragenen Genossenschaften den Betrieb der Beförderung von Auswanderern nach außerdeutschen Ländern gestattet; über den Betrieb der Hypothekenbankgeschäfte s. unten S. 12.

§ 2.

Die Genossenschaften können errichtet werden:

1. dergestalt, daß die einzelnen Mitglieder (Genossen) für die Verbindlichkeiten der Genossenschaft dieser sowie unmittelbar den Gläubigern derselben mit ihrem ganzen Vermögen haften (eingetragene Genossenschaft mit unbeschränkter Haftpflicht);
2. dergestalt, daß die Genossen zwar mit ihrem ganzen Vermögen, aber nicht unmittelbar den Gläubigern der Genossenschaft verhaftet, vielmehr nur verpflichtet sind, der letzteren die zur Befriedigung der Gläubiger erforderlichen Nachschüsse zu leisten (eingetragene Genossenschaft mit unbeschränkter Nachschußpflicht);
3. dergestalt, daß die Haftpflicht der Genossen für die Verbindlichkeiten der Genossenschaft sowohl dieser wie unmittelbar den Gläubigern gegenüber im Voraus auf eine bestimmte Summe beschränkt ist (eingetragene Genossenschaft mit beschränkter Haftpflicht).

§ 2 bestimmt die Arten der eingetragenen Genossenschaften nach dem Umfange ihrer Haftpflicht; allen ist gemeinsam die Solidarhaft ihrer Mitglieder, und es gelten für dieselben die Bestimmungen des Gesetzes in den §§ 1—118, 155—161 unbeschränkt; der 8. Abschnitt des Gesetzes regelt die besonderen Bestimmungen für die einzelnen Arten der Genossenschaften.

§ 3.

Die Firma der Genossenschaft muß vom Gegenstande des Unternehmens entlehnt sein und entsprechend der im § 2 vorgesehenen Art der Genossenschaft die daselbst bestimmte zusätzliche Bezeichnung enthalten.

Der Name von Genossen oder anderen Personen darf in die Firma nicht aufgenommen werden. Jede neue Firma muß sich von allen an demselben Orte oder in derselben Gemeinde bereits bestehenden Firmen eingetragener Genossenschaften deutlich unterscheiden.

Genossenschaften gelten im allgemeinen als Kaufleute im Sinne des Handelsgesetzbuches (§ 17 Abs. 2 Gen.Ges.); die Firma einer Genossenschaft ist der Name, unter welchem sie im Handel ihre Geschäfte betreibt und die Unterschrift abgibt (vergl. § 17 Abs. 1 H.G.B.)

Die Firma muß eine Sachfirma sein, darf daher keine Personenbezeichnung enthalten, muß vielmehr den Gegenstand des Unternehmens und nur diesen in ihrer Firma genau erkenntlich machen und muß nach der Art der Regelung der Haftpflicht die dem § 2 entsprechende zusätzliche Bezeichnung haben.

Dieser wesentliche Zusatz muß den Schluß der Firma bilden. Bestritten ist, ob dieser Zusatz abgekürzt werden darf; die Abkürzungen E. G. m. u. H., m. u. N., m. b. H. sind allerdings im Verkehr gang und gäbe, so daß sie als typisch für die eingetragenen Genossenschaften ebenso gelten, wie der Zusatz: „A.-G." zu einer Firma dieselbe allgemein im Verkehr als Aktiengesellschaft erkenntlich bezeichnet; die Bezugnahme auf § 2 für die gegenteilige Meinung ist nicht stichhaltig, da das Gesetz natürlich die Bezeichnung der einzelnen Arten der Genossenschaften wortdeutlich zum Ausdrucke bringen muß.

Allein das Erfordernis einer genauen und vollständigen Firmenbezeichnung nötigt dennoch dazu, die Abkürzung des Zusatzes als nicht zulässig zu erklären, wie dies z. B. bezüglich des Zusatzes „mit beschränkter Haftung" für die durch das Reichsgesetz vom 20. April 1892, betr. die Gesellschaften mit beschränkter Haftung, neu geregelte Gesellschaftsform in der Reichstagskommission ausdrücklich konstatiert wurde. Gerade durch dieses Gesetz liegt für Unkundige eine Verwechslung nahe. Der Zusatz bildet einen integrierenden Bestandteil der Firma; wird für eine Genossenschaft z. B. eine Hypothek eingetragen, so muß der Name der Gläubigerin auch den Zusatz enthalten; cf. auch § 20 H.G.B. und Art. 22 des Einf.Ges. hiezu.

Trotz des Wortlautes des Gesetzes hinsichtlich des Verbots der Aufnahme der Namen von Genossen oder anderen Personen — d. h. Nicht-Mitgliedern — in die Firma ist allgemeine Ansicht die, daß Personennamen, soferne klar erkennbar ist, daß bei solchen Namen unmöglich an eine Mitgliedschaft gedacht werden kann, in die Firma aufgenommen werden können.

Unbedenklich ist diese Praxis nicht und der Registerrichter muß die Aufgabe einer notwendigen Korrektur hier besonders im Auge behalten. (Für Aktiengesellschaften vergl. Art. 18 des alten und § 20 des neuen H.G.B.)

Das Erfordernis der „Firmenverschiedenheit" ist im Interesse des Verkehrs unumgänglich notwendig; bei Verfehlungen hiegegen, soweit dieselben durch den Eintrag einer gleichen oder ähnlichen Firma möglich werden, kann das Gesetz zur Bekämpfung des unlauteren Wettbewerbs in Betracht kommen (§ 8 desselben).

§ 4.

Die Zahl der Genossen muß mindestens sieben betragen.

Die Zahl von 7 Mitgliedern bedeutet die Mindestzahl, welche sowohl bei Errichtung der Genossenschaft vorhanden sein muß als auch unter welche der Mitgliederbestand nicht herabgehen darf, bei Vermeidung der Auflösung der Genossenschaft (§ 80).

§ 5.

Das Statut der Genossenschaft bedarf der schriftlichen Form.

Das Statut ist gleichbedeutend mit dem Gesellschaftsvertrag, auf Grund dessen sich die Genossenschaft bildet und die Eintragung in das Genossenschaftsregister erwirkt; es bedarf lediglich der schriftlichen Form, während bei den Aktiengesellschaften gerichtliche oder notarielle Beurkundung hinzukommen muß (§ 182 H.G.B.).

Mit Feststellung und Unterzeichnung des Statuts besteht die Genossenschaft als solche, sie hat aber noch nicht die Rechte einer eingetragenen Genossenschaft; diese erhält sie erst durch die Eintragung.

Bis dahin untersteht die „Genossenschaft" den Bestimmungen des bürgerlichen Rechts (cf. oben Seite 4 und § 13); welche Wirkung vor der Eintragung abgeschlossene Rechtsgeschäfte äußern, ist Thatfrage (cf. R.G. Bd. 39 S. 25 ff.).

§ 6.

Das Statut muß enthalten:

1. die Firma und den Sitz der Genossenschaft;
2. den Gegenstand des Unternehmens;
3. Bestimmungen über die Form für die Berufung der Generalversammlung der Genossen, sowie für die Beurkundung ihrer Beschlüsse und über den Vorsitz in der Versammlung;
4. Bestimmungen über die Form, in welcher die von der Genossenschaft ausgehenden Bekanntmachungen erfolgen, sowie über die öffentlichen Blätter, in welche dieselben aufzunehmen sind.

§ 7.

Das Statut muß ferner bestimmen:

1. ob die Genossen der unbeschränkten Haftpflicht oder nur der unbeschränkten Nachschußpflicht oder der beschränkten Haftpflicht unterliegen sollen;

2. den Betrag, bis zu welchem sich die einzelnen Genossen mit Einlagen beteiligen können (Geschäftsanteil),

sowie die Einzahlungen auf den Geschäftsanteil, zu welchen jeder Genosse verpflichtet ist; dieselben müssen bis zu einem Gesamtbetrage von mindestens einem Zehnteile des Geschäftsanteils nach Betrag und Zeit bestimmt sein;

3. die Grundsätze für die Aufstellung und die Prüfung der Bilanz;

4. die Bildung eines Reservefonds, welcher zur Deckung eines aus der Bilanz sich ergebenden Verlustes zu dienen hat, sowie die Art dieser Bildung, insbesondere den Teil des jährlichen Reingewinns, welcher in den Reservefonds einzustellen ist, und den Mindestbetrag des letzteren, bis zu dessen Erreichung die Einstellung zu erfolgen hat.

Die Erfordernisse, welche in §§ 6, 7 aufgestellt sind, bilden einen wesentlichen Bestandteil des Statuts derart, daß, wenn über einen Punkt das Statut eine Bestimmung nicht treffen würde, dasselbe nicht eingetragen werden könnte und dürfte (vergl. § 15 Ausf.V.).

ad 1. a) Über die Firma vergl. § 3;

b) der Sitz der Genossenschaft ist der Ort, wo die Verwaltung geführt wird; dieser Ort kann verschieden sein von dem Orte der Ausübung der geschäftlichen Thätigkeit als solcher; z. B. in A sind die Verkaufsläden ꝛc., von B aus wird das Geschäft aber geleitet, dann ist in B der Sitz der Genossenschaft.

Der Sitz kann verlegt werden; dies kann nur im Wege der Statutenänderung geschehen. Wird der Sitz in einen anderen Gerichtsbezirk verlegt, so hat dies die Löschung beim bisherigen Registergerichte und die Notwendigkeit eines neuen Eintrags in dem Genossenschaftsregister des Gerichts, in dessen Bezirk nunmehr der Sitz sich befindet, zur Folge.

Genossenschaften, welche im Inlande ihren Sitz haben, können im Auslande Geschäfte betreiben; wird aber der Sitz ins Ausland verlegt, so verliert die Genossenschaft den Charakter als Genossenschaft im Sinne dieses Gesetzes und muß liquidieren.

Der Sitz der Genossenschaft ist bestimmend für den Gerichtsstand derselben: „Der allgemeine Gerichtsstand derjenigen Genossenschaften, welche als solche verklagt werden können, wird durch den Sitz derselben bestimmt. Als Sitz gilt, wenn nicht ein anderes erhellt, der Ort, wo die Verwaltung geführt wird .... Neben dem durch die Vorschriften dieses Paragraphen bestimmten Gerichtsstande ist ein durch Statut oder in anderer Weise besonders geregelter Gerichtsstand zulässig“ (§ 17

Abs. 1 u. 3 C.P.O.; vergl. auch § 12 Abs. 1 Ziff. 2 u. § 87 Abs. 2 Gen.Ges., ferner § 22 C.P.O.).

Über Zweigniederlassungen vergl. § 14 Gen.Ges.

ad 2. Gegenstand des Unternehmens (s. o. S. 2). Die Notwendigkeit einer sicheren Geschäftsführung erheischt umsomehr eine genaue und bestimmte Bezeichnung des Gegenstandes des Unternehmens, als dieselbe den Rahmen der Thätigkeit zu umschreiben hat, innerhalb dessen der Zweck der Genossenschaft erreicht werden soll und muß.

Eine hierüber hinausgehende Ausdehnung des Geschäftsbetriebs involviert eine Statutenänderung, welche durch § 16 Abs. 2 des Gesetzes erschwerter Beschlußfassung unterliegt und unter Umständen unter die Strafandrohung des § 149 Gen.Ges. fällt.

ad 3. Das Statut muß bestimmen, ob die Berufung der Generalversammlung der Genossen auf schriftlichem Wege oder durch öffentliches Ausschreiben oder in ähnlicher zweckentsprechender Weise erfolgt; vergl. ferner §§ 44, 46.

Die Beschlüsse der Generalversammlung sind in ein Protokollbuch einzutragen (§ 47); das Statut muß bestimmen, in welcher Weise die Beschlüsse zu beurkunden insbesondere, von wem dieselben zu unterzeichnen sind; in der Regel wird dies durch den Vorsitzenden und den Protokollführer geschehen.

Das Statut hat ferner über den Vorsitz in der Generalversammlung Bestimmungen zu treffen; in der Regel obliegt der Vorsitz dem Vorsitzenden des Aufsichtsrats; es steht aber nichts im Wege, daß das Statut einem Mitgliede der Versammlung den Vorsitz zuweist; für letzteren Fall muß natürlich das Statut genaue Bestimmungen über die Bestellung des Vorsitzenden enthalten; cf. § 46 Abs. 2.

ad 4. Die Form, in welcher die von der Genossenschaft ausgehenden Bekanntmachungen erfolgen, muß ebenfalls im Statut bestimmt sein; vergl. § 12 Abs. 4.

Die Bekanntmachungen der Genossenschaft, soweit dieselben die rechtlichen Beziehungen zwischen den Mitgliedern und der Genossenschaft zum Gegenstand haben, betreffen obligatorische und fakultative Bekanntmachungen; diese müssen in öffentlichen Blättern erfolgen und das Statut muß diese Blätter bezeichnen. Für Bekanntmachungen, welche rein geschäftlichen Charakter haben, Kaufs- oder Verkaufsofferte ꝛc. enthalten, trifft dies natürlich nicht zu.

Hört von mehreren als sog. „Publikationsorganen“ bestimmten Blättern eines zu erscheinen auf, so genügt nach übereinstimmender Meinung mangels anderweitiger statutarischer Bestimmung die Bekanntmachung in den übrigen Blättern. Ist aber ohne weiteres nur ein öffentliches Blatt als „Publikationsorgan“ bestimmt und hört dieses zu erscheinen auf, so ist nach richtiger Ansicht durch die Generalversammlung im Wege der Statutenänderung nähere Bestimmung über ein neues Publikationsorgan zu treffen.

Öffentliche Blätter sind solche, welche einem unbestimmten Personenkreise zugänglich sind. —

„Während § 6 Fragen organisatorischer Natur regelt, beziehen sich die Bestimmungen des § 7 auf die notwendigen Grundlagen der Kredit- und Vermögensverhältnisse der Genossenschaften“; Motive S. 90.

ad 1. Die Art der Genossenschaft mit Hinsicht auf den Haftungsumfang der Mitglieder muß im Statut zum Ausdruck gebracht sein, woraus sich die gleiche zusätzliche Bezeichnung zu der Firma (§§ 2 und 3) ergibt.

ad 2. Der „Geschäftsanteil“ bedeutet den Maximalbetrag der statthaften Mitgliedereinlagen, während der jeweilige Betrag der einzelnen Kapitalkonti mit dem Ausdrucke „Geschäftsguthaben“ bezeichnet wird (Motive S. 92); genau ist „Geschäftsguthaben“ der nach Zuschreibung der bezahlten Zinsen aus dem Geschäftsanteile und der nach etwaiger Abschreibung für Verluste sich ergebende Betrag des Geschäftsanteilkonto des Mitgliedes, welcher nur nach dem Jahresschluß festzustellen ist (P.Cr. S. 37).

Die Beteiligung des Genossen muß natürlich durch mindestens einen Geschäftsanteil bethätigt sein; die Beteiligung ist nur mit einem Geschäftsanteile zulässig bei Genossenschaften mit unbeschränkter Haft- und Nachschußpflicht (§§ 119, 126), weil bei dieser die Haftung ohnehin sich auf das gesamte Vermögen des Mitglieds erstreckt; bei Genossenschaften mit beschränkter Haftpflicht ist die Beteiligung auf mehrere Geschäftsanteile zugelassen, da hier die Haftung eine beschränkte ist (§ 134).

Bestimmt muß sein der Höchstbetrag des Geschäftsanteils.

Die volle Einzahlung desselben braucht, soferne nicht das Statut ein anderes vorschreibt, nicht auf einmal zu erfolgen; jedoch muß die Einzahlung bis zu einem Gesamtbetrag von $^1/_{10}$ des Geschäftsanteils nach Betrag und Zeit bestimmt sein; die Festsetzung weiterer Einzahlungen obliegt der Generalversammlung (§ 50). Die Einbezahlung des Geschäftsanteils muß in bar erfolgen; so gut die Genossenschaft das Geschäftsguthaben des Genossen in bar „auszuzahlen“ verpflichtet ist (§ 73 Abs. 2), ebensogut muß der Genosse die zur Bildung des Genossenschaftsvermögens notwendigen Mittel dieser in bar zur Verfügung stellen.

Der Geschäftsanteil bildet einen Vermögensbestandteil der Genossenschaft; er bildet aber zugleich durch Hinzuschreibung der etwaigen Zinsen bezw. Abschreibung der etwaigen Verluste eine Geschäftsguthabensforderung des Genossen, für den Fall derselbe den Austritt aus der Genossenschaft bewirkt, und ist deshalb unter die Passiven der Bilanz aufzunehmen.

ad 3. Da Genossenschaften als Kaufleute im Sinne des H.G.B. gelten, haben sie entsprechend der §§ 38—44 H.G.B. sowohl Bücher zu führen als auch eine Bilanz aufzustellen. Vergl. bezüglich der Bücherführung § 33, bezgl. der Prüfung §§ 38 und 43.

ad 4. Obligatorisch ist die Bildung eines Reservefonds, welcher ausschließlich zu Deckung eines aus der Bilanz sich ergebenden Verlustes zu dienen hat und zu anderen Zwecken nicht verwendet werden darf, sog. gesetzlicher Reservefonds.

Vom Reingewinn muß ein statutarisch festzusetzender Teil jährlich in diesen Reservefonds eingestellt werden insolange, als der ebenfalls im Statut zu bestimmende Mindestbetrag desselben erreicht ist.

Zulässig ist natürlich, daß ein Verlust nicht aus dem Reservefonds, sondern aus anderen Mitteln gedeckt wird.

Bestritten war lange, ob, wenn ein Reservekonto den statutarischen Höchstbetrag überschritten hat, dieses Plus zu anderen Zwecken verwendet werden darf. Nach der Entsch. des R.G. Bd. 28 S. 43 ff. wird dies nunmehr allgemein angenommen; es bedarf hiezu aber natürlich einer Beschlußfassung der Generalversammlung. Neben dem gesetzlichen Reservefonds können verschiedene andere Reserven gebildet werden, über welche zu bestimmen und zu verfügen mangels statutarischer anderweitiger Festsetzung die Generalversammlung freie Hand hat.

§ 8.

Der Aufnahme in das Statut bedürfen Bestimmungen, nach welchen:

1. die Genossenschaft auf eine bestimmte Zeit beschränkt wird;
2. Erwerb und Fortdauer der Mitgliedschaft an den Wohnsitz innerhalb eines bestimmten Bezirks geknüpft wird;
3. das Geschäftsjahr, insbesondere das erste, auf ein mit dem Kalenderjahre nicht zusammenfallendes Jahr oder auf eine kürzere Dauer, als auf ein Jahr, bemessen wird;
4. über gewisse Gegenstände die Generalversammlung nicht schon durch einfache Stimmenmehrheit, sondern nur durch eine größere Stimmenmehrheit oder nach anderen Erfordernissen Beschluß fassen kann;
5. die Ausdehnung des Geschäftsbetriebes auf Personen, welche nicht Mitglieder der Genossenschaft sind, zugelassen wird.

Genossenschaften, bei welchen die Gewährung von Darlehen Zweck des Unternehmens ist, dürfen ihren Geschäftsbetrieb, soweit er in einer diesen Zweck verfolgenden Darlehnsgewährung besteht, nicht auf andere Personen außer den Mitgliedern ausdehnen. Darlehnsgewährungen, welche nur die Anlegung von Geldbeständen bezwecken, fallen nicht unter dieses Verbot.

Als Ausdehnung des Geschäftsbetriebes gilt nicht der Abschluß von Geschäften mit Personen, welche bereits die

Erklärung des Beitritts zur Genossenschaft unterzeichnet haben und von derselben zugelassen sind.

Konsumvereine (§ 1 Nr. 5) dürfen im regelmäßigen Geschäftsverkehr Waren nur an ihre Mitglieder oder deren Vertreter verkaufen. Diese Beschränkung findet auf landwirtschaftliche Konsumvereine, welche ohne Haltung eines offenen Ladens die Vermittelung des Bezugs von ihrer Natur nach ausschließlich für den landwirtschaftlichen Betrieb bestimmten Waren besorgen, hinsichtlich dieser Waren keine Anwendung.

Die aus Ziff. 1 mit 5 des § 8 ersichtlichen Bestimmungen sind nur dann in das Statut aufzunehmen, soferne deren Voraussetzungen bei einer Genossenschaft thatsächlich gegeben sind.

ad 1. Wenn nicht ein anderes im Statut bestimmt ist, gilt eine Genossenschaft als auf unbeschränkte Zeit errichtet; ist die Zeitdauer durch das Statut beschränkt, so tritt die Auflösung derselben durch Ablauf der bestimmten Zeit ein (§ 79 Abs. 1); will die Genossenschaft dennoch weiter fortgesetzt werden, so kann dies nur durch Beschluß der Generalversammlung mit $^3/_4$ Stimmenmehrheit geschehen (§ 16); die Eintragung dieses Beschlusses in das Genossenschaftsregister muß *vor* Ablauf der bestimmten Zeit erfolgen.

ad 2. Nach dem Prinzipe der Genossenschaften nach Raiffeisen müssen die Mitglieder in derselben politischen Gemeinde oder in demselben Pfarrsprengel ihren Wohnsitz haben; dem trägt Ziff. 2 Rechnung; vergl. auch § 67.

ad 3. Die Dauer des Geschäftsjahres darf keinesfalls 12 Monate übersteigen (§ 39 Abs. 2 Satz 2 H.G.B.); es muß nicht, trifft aber überwiegend mit dem Kalenderjahr zusammen; ebenso kann es eine kürzere Zeitperiode als 12 Monate umfassen.

In beiden Ausnahmefällen muß daß Statut darüber Bestimmung treffen.

ad 4. Die Rechte der Genossen in den Angelegenheiten der Genossenschaft werden in der *Generalversammlung* durch Beschlußfassung der erschienenen Genossen ausgeübt (§ 43 Abs. 1).

Wo das Gesetz nicht ein anderes vorschreibt (cf. §§ 16, 36, 78, 132, 144), genügt einfache Stimmenmehrheit; das Statut kann zur Beschlußfassung über einzelne Gegenstände eine größere Stimmenmehrheit oder andere Erfordernisse statuieren z. B. das Erscheinen einer bestimmten Anzahl von Mitgliedern.

ad 5. Grundsätzlich ist mit Ausnahme der Kreditgenossenschaften und Konsumvereine der Geschäftsbetrieb mit Nichtmitgliedern zulässig, soferne das Statut denselben ausdrücklich vorsieht.

Durch die Ausdehnung auf Nichtmitglieder kann aber das Geschäft den Charakter eines *Gewerbebetriebs* annehmen, insoferne dadurch die Erzielung eines geschäftlichen Gewinnes bezweckt wird; dann kommen die Vorschriften der Gewerbeordnung zur Anwendung und die Genossenschaft wird insbesondere gewerbsteuerpflichtig (vergl. Art. 21 Abs. 1 des neuen bayer. Gewerbsteuergesetzes).

Ausnahmen: a) Der Geschäftsbetrieb von Genossenschaften, bei welchen die Gewährung von Darlehen Zweck des Unternehmens ist (§ 1 Nr. 1), muß, soweit er in einer diesen Zweck verfolgenden Darlehensgewährung besteht, auf die Mitglieder beschränkt bleiben.

Richtig wird der Begriff des „Darlehens" im wirtschaftlichen, nicht im juristisch-technischen Sinne zu Grunde gelegt.

„Handelt es sich um die gewerbsmäßige Absicht, den Zweck des Unternehmens zu verfolgen und demgemäß den Darlehensempfänger in den regelmäßigen Vorschußverkehr hineinzuziehen, so greift das Verbot Platz; handelt es sich dagegen darum, durch Anlegung von Geldbeständen das von der Geschäftspraxis gebotene Mittel anzuwenden, um dem Zwecke des Unternehmens Genüge leisten zu können, so findet die Ausnahmebestimmung Anwendung", wie dieselbe Satz 2 des 2. Absatzes aufstellt (cf. P.Cr. S. 58 ff. und der dort zitierte Kommissionsbericht).

Von Bedeutung sind hier die eingetragenen Genossenschaften, welche Hypothekenbankgeschäfte betreiben. Durch § 2 des Reichs-Hypothekenbankgesetzes ist auch „eingetragenen Genossenschaften" der Betrieb einer Hypothekenbank, bei welchen also der Gegenstand des Unternehmens in der hypothekarischen Beleihung von Grundstücken und der Ausgabe von Schuldverschreibungen auf Grund der erworbenen Hypotheken besteht (§ 1 Abs. 1), untersagt.

Dieses Verbot findet aber (§ 45 Abs. 2 desselben) auf die bei dem Inkrafttreten desselben (d. i. gemäß § 44 der Termin des Inkrafttretens des Bürgerlichen Gesetzbuches, somit der 1. Januar 1900) in das Genossenschaftsregister eingetragenen Genossenschaften, soferne sie vor dem 1. Mai 1898 gemäß den Bestimmungen ihrer Satzungen die in § 1 Abs. 1 bezeichneten Geschäfte betrieben haben, keine Anwendung."

Bei diesen Genossenschaften ist streng zu trennen die hypothekarische Beleihung von Grundstücken und die Ausgabe von Schuldverschreibungen auf Grund der erworbenen Hypotheken.

Letztere verschafft der Genossenschaft die Mittel zur Hingabe von Hypothekdarlehen; dieselbe ist daher als Mittel zum Zwecke mit einem unbestimmten Kreis von Personen 2c. möglich.

Erstere, die hypothekarische Beleihung, fällt unter das Verbot des Abs. 2 Satz 1 dieses Gesetzes, ist daher nur zulässig auf Grundstücke, deren Eigentümer mit der Darlehensaufnahme Mitglieder der Genossenschaft werden.

Wichtig ist hiebei die Frage, wie es hinsichtlich der Mitgliedschaft zu halten ist, wenn die beliehenen Grundstücke ihren Besitzer wechseln, durch Kauf, Tausch, im Erbwege 2c.

Notwendig muß der neue Eigentümer Mitglied der Genossenschaft werden.

Das Schuldverhältnis, dem ja bei Hypothekenbanken in der Regel die Form des Annuitätendarlehens zu Grunde liegt, dauert auf eine lange Reihe von Jahren fort.

Würde der neue Schuldner nicht Mitglied, so könnte die Existenz der Genossenschaft in Frage kommen, insoferne als der frühere Schuldner unter den gesetzlichen und statutarischen Voraussetzungen ungehindert seinen Austritt erklären könnte und so bei nach längerem Bestehen der Genossenschaft zahlreich erfolgten Besitzveränderungen der Mitgliederstand bedeutend herabgehen, ja auch ganz aufhören würde.

Eine Berufung hiegegen etwa auf § 416 B.GB. wäre nicht stichhaltig, da erfahrungsgemäß die dort vorgesehene Übernahmsanzeige selten erfolgt.

Im übrigen findet das Hypothekenbankgesetz auf eingetragene Genossenschaften keine Anwendung.

Wie bereits hervorgehoben, ist nur die Gewährung von Hypothekendarlehen auf den Kreis der Mitglieder beschränkt. Die Ausgabe und der Absatz der Schuldverschreibungen, die Anlage flüssiger Gelder in Wechseln, in Effekten, die Gewährung von Lombarddarlehen, das Depositengeschäft ist auch mit Nichtmitgliedern erlaubt; denn insbesondere auch aus letzterem Geschäftszweig gewinnt die Genossenschaft die Mittel zu ihrem Geschäftszweck.

Vergl. hierher Reichsgesetz vom 19. Juni 1893 (R.G.B. 1893 S. 197) Art. II bezw. Art. 4 „Verpflichtung der Mitteilung von Rechnungsauszügen seitens solcher Personen, die aus dem Betriebe von Geld- oder Kreditgeschäften ein Gewerbe machen spätestens 3 Monate nach Schluß des Geschäftsjahres; bei vorsätzlicher Entziehung von dieser Pflicht Geldstrafe bis zu Mk. 500.— oder Haft und Verlust des Anspruchs auf die Zinsen für das verflossene Jahr hinsichtlich der Geschäfte, welche in den Rechnungsauszug aufzunehmen waren. Diese Bestimmungen finden keine Anwendung auf eingetragene Genossenschaften, soweit es sich bei diesen um den Geschäftsverkehr mit den Mitgliedern handelt."

Personen, welche ihren Beitritt zur Genossenschaft bereits erklärt haben und von derselben zugelassen, jedoch noch nicht in das Genossenschaftsregister eingetragen sind, gelten bereits als Mitglieder (§ 8 Abs. 3).

b) Konsumvereine dürfen im regelmäßigen Geschäftsverkehr Waren nur an ihre Mitglieder oder deren Vertreter verkaufen (neue Fassung des Gesetzes v. 12. August 1896). Konsumvereine sind die Vereine zum gemeinschaftlichen Einkaufe von Lebens- oder Wirtschaftsbedürfnissen im großem und Ablaß im kleinen des § 1 Ziff. 5.

Das Verbot trifft nur den „regelmäßigen Geschäftsverkehr" (nicht Abgabe von Warenproben, Gelegenheitsverkäufe).

Eine Ausnahme greift Platz für die landwirtschaftlichen Konsumvereine unter den im Gesetze fixierten Voraussetzungen.

Sie dürfen keinen „offenen Laden" haben, d. i. im allgemeinen ein Laden, der nicht nur den Mitgliedern des Vereins, sondern dem Gesamtpublikum zum Zweck von Wareneinkäufen offen steht." (S. hierüber M.B. S. 82.)

Vermittelt ein solcher Konsumverein auch andere Waren als ausschließlich für den landwirtschaftlichen Betrieb bestimmte, so tritt die Beschränkung des Verkaufs an Mitglieder ein; Strafen gegen Zuwiderhandlung des Verbots s. § 152, 153.

§ 9.

Die Genossenschaft muß einen Vorstand und einen Aufsichtsrat haben.

Die Mitglieder des Vorstandes und des Aufsichtsrats müssen Genossen sein. Gehören der Genossenschaft einzelne eingetragene Genossenschaften als Mitglieder an, oder besteht die Genossenschaft ausschließlich aus solchen, so können Mitglieder der letzteren in den Vorstand und den Aufsichtsrat berufen werden.

Vorstand und Aufsichtsrat sind die notwendigen Organe einer Genossenschaft neben der Generalversammlung.

Die Mitgliedschaft und damit die Haftung der Personen, welche den Vorstand und Aufsichtsrat bilden, ist als wirksames Moment für das Interesse an der richtigen Leitung der Genossenschaftsgeschäfte erklärt. (Motive S. 65). Die Mitglieder des Vorstandes und Aufsichtsrats müssen nicht schon vor der Wahl Genossen sein, es genügt deren Beitritt nach erfolgter Wahl und vor der Anmeldung zum Genossenschaftsregister.

Zulässig ist nicht nur die Mitgliedschaft physischer Personen, sondern auch eingetragener Genossenschaften (vergl. im übrigen § 15), ja es kann eine Genossenschaft ausschließlich aus eingetragenen Genossenschaften als Mitglieder bestehen.

Die einzelnen Mitglieder solcher können in den Vorstand und den Aufsichtsrat berufen werden, ohne daß sie für ihre Person Mitglieder der Haupt-Genossenschaft werden müßten.

Eine eingetragene Genossenschaft m. unbeschr. Haft- oder Nachschußpflicht als Mitglied einer anderen eingetragenen Genossenschaft haftet mit ihrem ganzen Vermögen für die Verbindlichkeiten der Hauptgenossenschaft (Central-Genossenschaft); P.Cr. S. 71. M.B. S. 84.

§ 10.

Das Statut, sowie die Mitglieder des Vorstandes sind in das Genossenschaftsregister bei dem Gerichte einzutragen, in dessen Bezirke die Genossenschaft ihren Sitz hat.

Das Genossenschaftsregister wird bei dem zur Führung des Handelsregisters zuständigen Gerichte geführt.

Erst mit der Eintragung in das Genossenschaftsregister wird die Genossenschaft rechtlich existent (cf. § 13); einzutragen sind das Statut und die Mitglieder des Vorstandes.

Zuständig ist das Gericht, in dessen Bezirke die Genossenschaft ihren Sitz hat.

Das Genossenschaftsregister bildet keinen Teil des Handelsregisters; es wird bei dem zur Führung des Handelsregisters zuständigen Gerichte geführt als ein selbständiges Register (§ 1 Ausf.V. des Bundesrats v. 11. Juli 1889).

Bisher waren dies in Bayern die Landgerichte, Kammern für Handelssachen.

Durch § 125 des Gesetzes über die Angelegenheiten der freiwilligen Gerichtsbarkeit vom 17. Mai 1898 sind ab 1. Januar 1900 für die Führung des Handelsregisters die Amtsgerichte zuständig. — Die Anmeldung und Eintragung der Vorstandsmitglieder hat mit dem Beginne ihres Amtes zu erfolgen. Ausf.V v. 1. Juli 1899.

§ 11.

Die Anmeldung behufs der Eintragung liegt dem Vorstande ob.

Der Anmeldung sind beizufügen:

1. das Statut, welches von den Genossen unterzeichnet sein muß, und eine Abschrift desselben;
2. eine Liste der Genossen;
3. eine Abschrift der Urkunden über die Bestellung des Vorstandes und des Aufsichtsrats.

Die Mitglieder des Vorstandes haben zugleich ihre Unterschrift vor dem Gerichte zu zeichnen oder die Zeichnung in beglaubigter Form einzureichen.

Die Abschrift des Statuts wird von dem Gerichte beglaubigt und, mit der Bescheinigung der erfolgten Eintragung versehen, zurückgegeben. Die übrigen Schriftstücke werden bei dem Gerichte aufbewahrt.

Die Anmeldung behufs der Eintragung geschieht durch den Vorstand allein (bei der Aktiengesellschaft auch durch den Aufsichtsrat, § 195 H.G.B.).

Hiebei sind vorzulegen:

1. das Statut, von den Genossen unterzeichnet, im Original nebst einer Abschrift;
2. eine Liste der Genossen, d. h. der Mitglieder, welche das Statut bei der Errichtung der Genossenschaft und vor der Anmeldung unterzeichnet haben;
3. eine einfache Abschrift der Urkunden über die Bestellung des Vorstandes und des Aufsichtsrats.

Diejenigen Personen, welche das Statut errichten und unterzeichnen, müssen einen Vorstand und Aufsichtsrat wählen (§ 9); in dieser Versammlung sind die bezüglichen Verhandlungen protokollarisch festzulegen und hievon ist entsprechende Abschrift zu nehmen; zweckmäßig bildet dieses Protokoll die Grundlage des Protokollbuches für die späteren Generalversammlungen der Genossenschaft. Mit der Anmeldung ist eine beglaubigte Zeichnung der Unterschrift der Vorstandsmitglieder einzureichen; bei persönlicher Anmeldung sind die Unterschriften vor Gericht zu zeichnen (cf. § 157 Abs. 1 und § 6 Ausf.V. v. 1. Juli 1899).

Das Original des Statuts und die übrigen Schriftstücke werden bei Gericht aufbewahrt, die Abschrift des Statuts wird von dem Gerichte beglaubigt und, mit der Bescheinigung der erfolgten Eintragung versehen, dem Vorstande zurückgegeben.

Bei der Unterschrift ist nur der Name der einzelnen Vorstandsmitglieder zu zeichnen, nicht auch die Firma (P.Cr. S. 85 und jetzt auch M.B. S. 99).

Zuständigkeit für Beglaubigungen von Erklärungen und Beglaubigungen von Abschriften s. § 8 Ausf.V. v. 1. Juli 1899;

letzteren Falls nur durch zuständige Behörden, Beamte oder Notare, ersterenfalls auch durch Gemeindevorsteher und durch die Polizeibehörde. —

§ 12.

Das eingetragene Statut ist von dem Gerichte im Auszuge zu veröffentlichen.

Die Veröffentlichung muß enthalten:

1. das Datum des Statuts;
2. die Firma und den Sitz der Genossenschaft;
3. den Gegenstand des Unternehmens;
4. die Form, in welcher die von der Genossenschaft ausgehenden Bekanntmachungen erfolgen, sowie die öffentlichen Blätter, in welche dieselben aufzunehmen sind;
5. die Zeitdauer der Genossenschaft, falls dieselbe auf eine bestimmte Zeit beschränkt ist;
6. das Geschäftsjahr, falls es, abgesehen von dem ersten, auf ein mit dem Kalenderjahre nicht zusammenfallendes Jahr oder auf eine kürzere Dauer, als auf ein Jahr, bemessen ist;
7. die Namen und den Wohnort der Mitglieder des Vorstandes.

Zugleich ist bekannt zu machen, daß die Einsicht der Liste der Genossen während der Dienststunden des Gerichts jedem gestattet ist.

Ist in dem Statute bestimmt, in welcher Form der Vorstand seine Willenserklärungen kundgibt und für die Genossenschaft zeichnet, so ist auch diese Bestimmung zu veröffentlichen.

Der Veröffentlichung muß eine Prüfung seitens des Registerrichters vorgehen.

Hierüber siehe ausführlich P.Cr. S. 77 ff.; vergl. ferner § 15 Ausf.V. v. 1. Juli 1899.

Nicht vorgeschrieben ist auch hier die Veröffentlichung der Mitglieder des Aufsichtsrats (für Aktiengesellschaften § 199 Abs. 1 Ziff. 4 mit Art. 210c. Abs. 2 Ziff. 3 des alten H.G.B.; erster Aufsichtsrat).

Die Veröffentlichung muß für alle Genossenschaften im „Deutschen Reichsanzeiger" und den sonstigen für solche amtlichen Veröffentlichungen bestimmten Blättern erfolgen (§ 156 des Ges., § 5 Ausf.V. v. 1. Juli 1899) und zwar ohne Verzug sofort nach der Eintragung (§ 4 Ausf.V. v. 1. Juli 1899).

§ 13.

Vor der Eintragung in das Genossenschaftsregister ihres Sitzes hat die Genossenschaft die Rechte einer eingetragenen Genossenschaft nicht.

Jetzige Fassung durch Art. 10 Ziff. I des Einf.-Ges. z. H.G.B. (frühere Fassung: „Vor erfolgter Eintragung in das Genossenschaftsregister hat die Genossenschaft die Rechte einer eingetragenen Genossenschaft nicht).

„Soweit rechtliche Vorgänge in Betracht kommen, deren Wirksamkeit schlechthin von der Eintragung in das Handelsregister abhängt, wie die Errichtung einer Aktiengesellschaft oder die Änderung des Statuts einer solchen, ist ausschließlich der Inhalt des Registers der Hauptniederlassung maßgebend"; dieser Grundsatz wollte auch gegenüber den Eintragungen in das Genossenschaftsregister zur Geltung gebracht werden, daher die materiell übrigens belanglose Änderung des § 13. Damit entfällt auch Absatz 3 des früheren § 148, nun § 157 dieses Gesetzes (vergl. Motive z. H.G.B. S. 312).

Mit der Eintragung wird die „eingetragene Genossenschaft" als solche rechtlich existent; cf. § 17.

Über die Rechtslage vor der Eintragung s. oben S. 6.

§ 14.

Jede Zweigniederlassung muß bei dem Gerichte, in dessen Bezirke sie sich befindet, behufs Eintragung in das Genossenschaftsregister angemeldet werden.

Die Anmeldung hat die im § 12 vorgeschriebenen Angaben zu enthalten. Derselben sind zwei beglaubigte Abschriften des Statuts und eine durch das Gericht der Hauptniederlassung beglaubigte Abschrift der Liste der Genossen beizufügen. Die Bestimmung im § 11 Absatz 3 findet Anwendung.

Das Gericht hat die eine Abschrift des Statuts, mit der Bescheinigung der erfolgten Eintragung versehen, zurückzugeben und von der Eintragung zu dem Genossenschaftsregister bei dem Gerichte der Hauptniederlassung Mitteilung zu machen.

Zweigniederlassung ist eine vom Orte des Sitzes der Genossenschaft verschiedene geschäftliche Niederlassung, welche nach innen abhängig ist von der Hauptleitung, nach außen, in geschäftlicher Beziehung, selbständig auftritt; vergl. hieher P.Cr. S. 91, M.B. S. 58 und 112.

Die Errichtung von Zweigniederlassungen fällt, soweit nicht ein Anderes durch Statut bestimmt ist, in die Competenz des Vorstandes.

Für Zweigniederlassungen ist unter bestimmter Voraussetzung ein besonderer Gerichtsstand geschaffen:

„Hat jemand zum Betriebe einer Fabrik, einer Handlung oder eines anderen Gewerbes eine Niederlassung, von welcher aus unmittelbar Geschäfte geschlossen werden, so können gegen ihn alle Klagen, welche auf den Geschäftsbetrieb der Niederlassung Bezug haben, bei dem Gerichte des Ortes erhoben werden, wo die Niederlassung sich befindet" (§ 21 Abs. 1 C.P.O.).

Auch das Gericht der Zweigniederlassung muß eine Liste der Genossen führen.

Über die bei dem Gerichte der Zweigniederlassung zu bethätigenden Anmeldungen s. §§ 157, 158 des Gesetzes und § 19 Ausf.V. vom 1. Juli 1899.

§ 15.

Nach der Anmeldung des Statuts zum Genossenschaftsregister bedarf es zum Erwerbe der Mitgliedschaft einer von dem Beitretenden zu unterzeichnenden, unbedingten Erklärung des Beitritts.

Der Vorstand hat die Erklärung im Falle der Zulassung des Beitretenden behufs Eintragung desselben in die Liste der Genossen dem Gerichte (§ 10) einzureichen. Die Eintragung ist unverzüglich vorzunehmen.

Durch die Eintragung, welche auf Grund der Erklärung und deren Einreichung stattfindet, entsteht die Mitgliedschaft des Beitretenden.

Von der Eintragung hat das Gericht den Genossen und den Vorstand zu benachrichtigen. Die Beitrittserklärung wird in Urschrift bei dem Gerichte aufbewahrt. Wird die Eintragung versagt, so hat das Gericht hiervon den Antragsteller unter Rückgabe der Beitrittserklärung und den Vorstand in Kenntnis zu setzen.

1. Vor der Anmeldung des Statuts geschieht die Beitrittserklärung durch Unterzeichnung desselben, nach der Anmeldung durch eine von dem Beitretenden zu unterzeichnende, unbedingte Erklärung des Beitritts.

Der Beitritt stellt sich dar als ein Vertrag zwischen dem Beitretenden und der Genossenschaft; für den Vollzug desselben ist maßgebend die Eintragung in die Liste der Genossen; erst durch diese entsteht die Mitgliedschaft.

Rücktritt vom Vertrage ist zulässig vor der Eintragung, aber nur mit beiderseitiger Übereinstimmung; nach der Eintragung greifen die gesetzlichen und statutarischen Vorschriften über den Austritt (§ 65 ff.) Platz.

Ein rechtswirksam abgegebenes und vom Vorstand angenommenes Beitrittsversprechen ist klagbar derart, daß auf Ausstellung einer Beitrittserklärung geklagt werden kann (R.G. Bd. 40 S. 46).

Über die Zulassung zur Genossenschaft entscheidet mangels anderweitiger statutarischer Festsetzung der Vorstand in alleiniger Kompetenz; etwaige im Statute getroffenen Bestimmungen, wonach dem Nichtaufgenommenen Beschwerde an den Aufsichtsrat zusteht, der unter Ausschluß des Rechtsweges endgültig entscheidet, sind statthaft; einen rechtlich erzwingbaren Anspruch auf Aufnahme hat niemand.

2. Der Beitritt ist nicht auf physische Personen beschränkt; beitreten können auch juristische Personen, Handelsgesellschaften, Korporationen, andere Personenvereine (§ 43); bezüglich der eingetragenen Genossenschaften s. § 9.

Für den Geschäftsunfähigen kann der gesetzliche Vertreter den Beitritt erklären, der in der Geschäftsfähigkeit Beschränkte kann den Beitritt erklären mit Genehmigung des gesetzlichen Vertreters. Ein Einzelkaufmann muß die Erklärung unter seinem bürgerlichen Namen, nicht mit seiner hievon möglicherweise verschiedenen Firma ausstellen.

Nicht zulässig ist die Beitrittserklärung für eine Einzelperson durch einen Generalbevollmächtigten.

3. Die Beitrittserklärung muß „unbedingt" sein und dies auch wörtlich zum Ausdruck bringen; für die Form der Beitrittserklärung ist künftighin § 126 Abs. 1 B.G.B. maßgebend.

4. Die Einreichung der eingekommenen Beitrittserklärungen erfolgt, soferne nicht besondere Umstände ein Anderes erfordern, zweckmäßig in bestimmten Zwischenräumen.

5. Die Eintragung seitens des Gerichts erfolgt auf Grund lediglich formeller Prüfung der einzelnen Erklärungen durch Verfügung des Registergerichts s. § 2 Ausf.V. v. 1. Juli 1899.

6. Überflüssig ist es, Abschriften der einzelnen Beitrittserklärungen zu nehmen; es genügt die Führung eines Verzeichnisses der Genossen (§ 30).

7. Über die Rechtsmittel bei Versagung der Eintragung s. § 20 ff. Ges. über fr. Ger.

§ 16.

Eine Abänderung des Statuts oder die Fortsetzung einer auf bestimmte Zeit beschränkten Genossenschaft kann nur durch die Generalversammlung beschlossen werden.

Zu einer Abänderung des Gegenstandes des Unternehmens, sowie zur Erhöhung des Geschäftsanteils bedarf es einer Mehrheit von drei Vierteilen der erschienenen Genossen. Das Statut kann noch andere Erfordernisse aufstellen. Zu sonstigen Änderungen des Statuts bedarf es einer Mehrheit von drei Vierteilen der erschienenen Genossen, sofern nicht das Statut andere Erfordernisse aufstellt.

Auf die Anmeldung und Eintragung des Beschlusses finden die Vorschriften des § 11 mit der Maßgabe entsprechende Anwendung, daß der Anmeldung zwei Abschriften des Beschlusses beizufügen sind. Die Veröffentlichung des Beschlusses findet nur insoweit statt, als derselbe eine der im § 12 Absatz 2 und 4 bezeichneten Bestimmungen zum Gegenstande hat.

Der Beschluß hat keine rechtliche Wirkung, bevor er in das Genossenschaftsregister des Sitzes der Genossenschaft eingetragen ist.

Abs. 4 (früher lautend: Der Beschluß hat keine rechtliche Wirkung, bevor er in das Genossenschaftsregister eingetragen ist) wurde abgeändert durch Art. 10 Ziff. II Einf.Ges. z. H.G.B. aus den zu § 13 angeführten Erwägungen.

§ 16 bestimmt die Fälle der ausschließlichen Zuständigkeit der Generalversammlung; zur Abänderung des Gegenstandes des Unternehmens sowie zur Erhöhung des Geschäftsanteils bedarf es einer qualifizierten Mehrheit, nämlich von 3/4 der erschienenen d. h. sich an der Abstimmung beteiligenden Genossen; das Statut kann hiefür erschwerende Vorschriften aufstellen.

Zu sonstigen Abänderungen ist ebenfalls 3/4 Mehrheit erfordert; hiefür kann aber das Statut erleichterte oder ebenfalls erschwerte Bedingungen aufstellen.

Für die Anmeldung vergl. § 157, 160 des Gesetzes und § 6 Ausf.V. v. 1. 7. 99.

Zweiter Abschnitt.

Rechtsverhältnisse der Genossenschaft und der Genossen.

§ 17.

Die eingetragene Genossenschaft als solche hat selbständig ihre Rechte und Pflichten; sie kann Eigentum und andere dingliche Rechte an Grundstücken erwerben, vor Gericht klagen und verklagt werden.

Genossenschaften gelten als Kaufleute im Sinne des Handelsgesetzbuchs, soweit dieses Gesetz keine abweichenden Vorschriften enthält.

Die eingetragene Genossenschaft besitzt durch § 17 Rechtspersönlichkeit; überwiegend ist derselben der Charakter einer juristischen Person zuerkannt (vgl. P.Cr. S. 120, M.B. S. 125).

Bezüglich des Gerichtsstandes s. o. S. 7 u. 17. Die Genossenschaften gelten im allgemeinen als Kaufleute im Sinne des H.G.B. (cf. §§ 1, 2, 38—47, 59—83, § 343 ff. H.G.B. 2c.), soweit nicht das Genossenschaftsgesetz selbst abweichende Vorschriften enthält (wie z. B. hinsichtlich der Prokura, § 40 G.G.).

§ 18.

Das Rechtsverhältnis der Genossenschaft und der Genossen richtet sich zunächst nach dem Statut. Letzteres darf von den Bestimmungen dieses Gesetzes nur insoweit abweichen, als dies ausdrücklich für zulässig erklärt ist.

Die Grundlage für das Rechtsverhältnis zwischen der Genossenschaft und ihren Mitgliedern bildet zunächst das Statut. Dieses muß die Grundsätze des Gesetzes in sich enthalten und darf von diesem nur abweichen, als dies ausdrücklich für zulässig erklärt ist (vergl. § 15 Ausf.V. v. 1. Juli 1899).

§ 19.

Der bei Genehmigung der Bilanz für die Genossen sich ergebende Gewinn oder Verlust des Geschäftsjahres ist auf diese zu verteilen. Die Verteilung geschieht für das erste Geschäftsjahr nach dem Verhältnis ihrer auf den Geschäftsanteil geleisteten Einzahlungen, für jedes folgende nach dem Verhältnis ihrer durch die Zuschreibung von Gewinn oder die Abschreibung von Verlust zum Schlusse des vorhergegangenen Geschäftsjahres ermittelten Geschäftsguthaben. Die Zuschreibung des Gewinns erfolgt solange, als nicht der Geschäftsanteil erreicht ist.

Das Statut kann einen anderen Maßstab für die Verteilung von Gewinn und Verlust aufstellen, sowie Bestimmung darüber treffen, inwieweit der Gewinn vor Erreichung des Geschäftsanteils an die Genossen auszuzahlen ist. Bis zur Wiederergänzung eines durch Verlust verminderten Guthabens findet eine Auszahlung des Gewinns nicht statt.

§ 20.

Durch das Statut kann festgesetzt werden, daß der Gewinn nicht verteilt, sondern dem Reservefonds zugeschrieben wird.

Der Abschluß der Bilanz ergibt, ob ein Gewinn oder Verlust für das Geschäftsjahr erwachsen ist.

Als Mitglied hat jeder Genosse Anspruch auf Verteilung des Gewinns, muß dagegen auch nach dem festgesetzten Verhältnis am Verlust partizipieren (cf. § 43 Abs. 1).

Der für die Genossen sich ergebende Gewinn: Dies ist in der Regel nicht der volle Überschuß eines Geschäftsjahres, sondern nur derjenige, welcher nach Dotierung des gesetzlichen Reservefonds, nach Vornahme von Abschreibungen oder nach sonstigen durch das Statut bestimmten Verwendungen übrig bleibt.

Für das erste Geschäftsjahr können nur die jeweils geleisteten Einzahlungen berücksichtigt werden; für das zweite und die folgenden Geschäftsjahre bildet den Maßstab die Höhe der Geschäftsguthaben, welche dieselben jeweils durch die Zuschreibung von Gewinn oder die Abschreibung von Verlust zum Schlusse des vorhergegangenen Geschäftsjahres erreicht haben.

Daraus folgt, daß während eines Geschäftsjahrs eingetretene Genossen für dieses Jahr am Gewinn nicht teilnehmen.

Ist der Geschäftsanteil nicht voll einbezahlt, so erfolgt die Zuschreibung des Gewinns so lange, bis ersterer erreicht ist.

Diese Bestimmungen können durch das Statut beliebig modifiziert werden, ja es können die Statuten auch vorsehen, daß und inwieweit der Gewinn vor der Erreichung des Geschäftsanteils an die Genossen ausbezahlt wird.

Sind die Geschäftsguthaben jedoch durch Verlust vermindert, so findet kraft positiver Vorschrift des Gesetzes eine Auszahlung des Gewinns bis zur Wiederergänzung derselben nicht statt.

Strafvorschriften: s. §§ 34, 41, 142.

Zu § 20: Derselbe lautete bisher: „Durch das Statut kann für einen bestimmten Zeitraum, welcher zehn Jahre nicht überschreiten darf, festgesetzt werden, daß der Gewinn nicht verteilt, sondern dem Reservefonds zugeschrieben wird. Bei Ablauf des Zeitraums kann die Festsetzung wiederholt werden; für den Beschluß genügt, sofern das Statut nicht andere Erfordernisse aufstellt, einfache Stimmenmehrheit."

Diese Bestimmung war im Interesse der Raiffeisen'schen Darlehenskassenvereine eingeführt, welche zur Stärkung ihrer finanziellen Verhältnisse den Gewinn in der Regel nicht zur Verteilung brachten.

Die neue durch das Gesetz vom 12. August 1896 geschaffene Fassung entspringt der Erwägung, daß nach Ablauf der 10 Jahre, sobald ein größeres Kapital angesammelt ist, der Egoismus siegt und die Verteilung dessen, was zum Teil andere aus idealen Gründen für die Zwecke der Gemeinnützigkeit erspart haben, zur Verteilung gebracht wird", welcher Gefahr durch die nunmehrige Fassung entgegengetreten werden sollte.

§ 21.

Für das Geschäftsguthaben werden Zinsen von bestimmter Höhe nicht vergütet, auch wenn der Genosse Einzahlungen in höheren als den geschuldeten Beträgen geleistet hat.

Auch können Genossen, welche mehr als die geschuldeten Einzahlungen geleistet haben, im Falle eines Verlustes andere Genossen nicht aus dem Grunde in Anspruch nehmen, daß von letzteren nur diese Einzahlungen geleistet sind.

Die Verteilung des Reingewinns auf das Geschäftsguthaben, wie dieselbe im § 19 des Gesetzes vorgesehen ist, schließt eine weitere finanzielle Fruktifizierung des Geschäftsguthabens für das Mitglied seitens der Genossenschaft aus; darum untersagt § 21 eine bestimmte Verzinsung derselben, auch wenn höhere Einzahlungen als geschuldet geleistet sind.

Absatz 2 schließt im Falle eines Verlustes einen Regreß gegen diejenigen Mitglieder aus, welche nur ihre pflichtgemäßen Einzahlungen geleistet haben.

Regreß ist dagegen nach allgemeiner Ansicht (vergl. P.Cr. 139, M.B. S. 40) zulässig, wenn Genossen mit ihren Einzahlungen überhaupt im Rückstande sind.

§ 22.

Eine Herabsetzung des Geschäftsanteils oder der auf denselben zu leistenden Einzahlungen oder eine Verlängerung der für die letzteren festgesetzten Fristen kann nur unter Beobachtung der Bestimmungen erfolgen, welche für die Verteilung des Genossenschaftsvermögens im Falle der Auflösung maßgebend sind.

Das Geschäftsguthaben eines Genossen darf, solange er nicht ausgeschieden ist, von der Genossenschaft nicht ausgezahlt oder im geschäftlichen Betriebe zum Pfande genommen, eine geschuldete Einzahlung darf nicht erlassen werden.

Gegen die letztere kann der Genosse eine Aufrechnung nicht geltend machen.

Die Summe der Geschäftsanteile bildet einen wesentlichen Teil des Genossenschaftsvermögens, sie ist der Grundstock desselben.

Eine Verminderung desselben, der auf denselben zu leistenden Einzahlungen oder eine Verlängerung der für die letzteren festgesetzten Fristen unterliegt den erschwerenden Bestimmungen des § 90; ein derartiger Beschluß enthält eine Statutenänderung, tritt daher erst mit Eintragung in das Genossenschaftsregister in Kraft.

Eine Rückzahlung des *Geschäftsguthabens* ist nur nach erfolgtem Ausscheiden aus der Genossenschaft zulässig (cf. § 73).

Im geschäftlichen Betriebe darf die Genossenschaft das Geschäftsguthaben eines Genossen sich nicht verpfänden lassen; damit ist nach richtiger Ansicht überhaupt eine vertragsmäßige Verpfändung ausgeschlossen; die Genossenschaft kann aber gemäß § 66 des Gesetzes das Geschäftsguthaben gerichtlich pfänden lassen (ebenso P.Cr. S. 143 gegen M.B. S. 143).

Mit dem Grundsatze der Erhaltung des Gesellschaftsvermögens hängt das Verbot zusammen, eine geschuldete Einzahlung zu erlassen oder gegen dieselbe seitens des Genossen mit einer Forderung aufzurechnen (cf. § 105 Abs. 5).

Zuwiderhandlungen hiegegen: cf. §§ 34 Abs. 3, § 41 Abs. 3 und 142.

Die Bestimmungen des § 22 sind zwingender Natur und können durch Statut nicht abgeändert werden.

§ 23.

Für die Verbindlichkeiten der Genossenschaft haften die Genossen nach Maßgabe dieses Gesetzes.

Wer in die Genossenschaft eintritt, haftet auch für die vor seinem Eintritt eingegangenen Verbindlichkeiten.

Ein den vorstehenden Bestimmungen zuwiderlaufender Vertrag ist ohne rechtliche Wirkung.

Durch Art. 10 Ziff. III E.G. z. H.G.B. kommt der bisherige Absatz 4 in Wegfall; derselbe lautete: Frauen können in Betreff der durch ihre Mitgliedschaft übernommenen Verpflichtungen sich auf die nach Landesgesetzen für sie geltenden Rechtswohlthaten nicht berufen. Mit dem Inkrafttreten des B.G.B., welches die Rechtswohlthaten für Frauen beseitigt, wird diese Vorschrift gegenstandslos.

§ 23 stellt den Grundsatz auf, daß die Genossen für die Verbindlichkeiten der Genossenschaft nach Maßgabe dieses Gesetzes haften, neu eintretende auch für die vorher eingegangenen Verbindlichkeiten.

Diese Haftung kann weder durch Vertrag, noch auch durch eine anderweitige Festsetzung im Statut vermehrt oder vermindert werden. Die besondere Regelung der Haftpflicht §§ 98 ff.

Dritter Abschnitt.

Vertretung und Geschäftsführung.

§ 24.

Die Genossenschaft wird durch den Vorstand gerichtlich und außergerichtlich vertreten.

Der Vorstand besteht aus zwei Mitgliedern und wird von der Generalversammlung gewählt. Durch das Statut kann eine höhere Mitgliederzahl sowie eine andere Art der Bestellung festgesetzt werden.

Die Mitglieder des Vorstandes können besoldet oder unbesoldet sein. Ihre Bestellung ist zu jeder Zeit widerruflich, unbeschadet der Entschädigungsansprüche aus bestehenden Verträgen.

Der 3. Abschnitt regelt die Vertretung und Geschäftsführung und stellt als Organe der Genossenschaft auf:

1) Vorstand, 2) Aufsichtsrat, 3) Generalversammlung.

Der Vorstand ist gesetzlicher Vertreter und geschäftsführendes Organ der Genossenschaft. Dem Aufsichtsrat obliegt die Wahrung der Interessen der Genossenschaft gegenüber der Geschäftsthätigkeit des Vorstands (§ 36 ff.); beide Organe stehen sich selbständig gegenüber, sie sind, wie P.Cr. richtig hervorhebt (S. 147), koordiniert mit besonderen Rechten und Pflichten.

Es besteht daher kein Beschwerderecht gegen geschäftliche Entschließungen des Vorstandes, welche derselbe innerhalb seiner Kompetenz vornimmt, derart, daß der Aufsichtsrat befugt wäre, eine solche Entschließung abzuändern oder aufzuheben.

Wenn z. B. eine Vorschuß- oder Kreditgenossenschaft (für Mobiliar- oder Immobiliarkredit) ein Darlehensgesuch rite ablehnt, hat der Abgelehnte kein Beschwerderecht an den Aufsichtsrat; eine abweichende statutarische Bestimmung wäre gesetzlich unzulässig.

Die Stellung des Vorstandes einer eingetr. Genossenschaft ist die nämliche wie einer Aktiengesellschaft (cf. § 231 Abs. 1 H.G.B.).

Dem Vorstand obliegt die gerichtliche und außergerichtliche Vertretung der Genossenschaft, daraus folgt, daß er nicht blos Bevollmächtigter derselben ist.

Als gerichtlicher Vertreter hat der Vorstand die Prozesse zu führen und die Eide für die Genossenschaft zu leisten (cf. insbesondere § 473 CPO.); wegen Zustellung vergl. § 171 C.P.O.

In Prozessen der Genossenschaft können die Vorstandsmitglieder aber nicht Zeugen sein (R.G. Bd. 17. 367).

Als außergerichtlicher Vertreter ist der Vorstand Dritten gegenüber unbeschränkt und unbeschränkbar (cf. § 27 des Gesetzes; § 18 Ausf.V. v. 1. Juli 1899).

Die Mindestzahl der Vorstandsmitglieder ist zwei; deren Wahl erfolgt in der Regel durch die Generalversammlung. Eine höhere Zahl und eine andere Art der Bestellung, z. B. durch den Aufsichtsrat, ist zulässig.

Die Vorstandsmitglieder unter einander sind gleichberechtigt; die Führung der Geschäfte ist eine gemeinschaftliche und gemeinsame. Dies schließt nicht aus — und ist bei größeren Genossenschaften zum Teil notwendig —, daß sie die Geschäfte z. B. nach Sparten unter sich teilen; die Ausführung muß aber in Gemeinschaft mindestens zweier Mitglieder erfolgen (cf. § 25).

Die Bestellung des Vorstandes kann auf bestimmte oder unbestimmte Zeitdauer erfolgen; die Bestellung kann jeder Zeit widerrufen werden, und zwar nur durch die Generalversammlung (vergl. § 40); hiedurch wird aber der Anspruch aus bestehenden Dienstverträgen auf Entschädigung nicht berührt.

Über die besonderen, durch das Gesetz festgesetzten Pflichten des Vorstands vergl. die Zusammenstellung bei Zeller S. 44 und 45.

§ 25.

Der Vorstand hat in der durch das Statut bestimmten Form seine Willenserklärungen kundzugeben und für die Genossenschaft zu zeichnen. Ist nichts darüber bestimmt, so muß die Erklärung und Zeichnung durch sämtliche Mitglieder des Vorstandes erfolgen. Weniger als zwei Mitglieder dürfen hierfür nicht bestimmt werden.

Die Zeichnung geschieht in der Weise, daß die Zeichnenden zu der Firma der Genossenschaft oder zu der Benennung des Vorstandes ihre Namensunterschrift beifügen.

§ 25 spricht nur von schriftlichen Erklärungen; aber auch mündliche Erklärungen müssen durch mindestens 2 Mitglieder des Vorstands abgegeben werden.

Dies kann zu Schwierigkeiten führen bei telephonischen Willenserklärungen mit Rücksicht auf § 147 B.G.B.: Der mittels Fernsprechers von Person zu Person gemachte Antrag kann nur sofort angenommen werden; die sofortige schriftliche Bestätigung der telephonischen Erklärungen, wie im kaufmännischen Verkehr üblich, hilft geeignet ab.

Über Anmeldungen zum Genossenschaftsregister vergl. § 157 des Ges. und §§ 6, 7 u. 8 Ausf.V. v. 1. Juli 1899.

§ 26.

Die Genossenschaft wird durch die von dem Vorstande in ihrem Namen geschlossenen Rechtsgeschäfte berechtigt und verpflichtet; es ist gleichgiltig, ob das Geschäft ausdrücklich im Namen der Genossenschaft geschlossen worden ist, oder ob die Umstände ergeben, daß es nach dem Willen der Vertragschließenden für die Genossenschaft geschlossen werden sollte.

Zur Legitimation des Vorstandes Behörden gegenüber genügt eine Bescheinigung des Gerichts (§ 10), daß die darin zu bezeichnenden Personen als Mitglieder des Vorstandes in das Genossenschaftsregister eingetragen sind.

Nur der Genossenschaft erwachsen Rechte und Pflichten aus den in ihrem Namen vom Vorstande abgeschlossenen Rechtsgeschäften; insbesondere trifft ein Verschulden des Vorstands hiebei nur die Genossenschaft.

Hinsichtlich der Legitimation gegenüber Behörden vergl. auch § 33 G.B.O.

§ 27.

Der Vorstand ist der Genossenschaft gegenüber verpflichtet, die Beschränkungen einzuhalten, welche für den Umfang seiner Befugnis, die Genossenschaft zu vertreten, durch das Statut oder durch Beschlüsse der Generalversammlung festgesetzt sind.

Gegen dritte Personen hat eine Beschränkung der Befugnis des Vorstandes, die Genossenschaft zu vertreten, keine rechtliche Wirkung. Dies gilt insbesondere für den Fall, daß die Vertretung sich nur auf gewisse Geschäfte oder Arten von Geschäften erstrecken oder nur unter gewissen Umständen oder für eine gewisse Zeit oder an einzelnen Orten stattfinden soll oder daß die Zustimmung der Generalversammlung, des Aufsichtsrats oder eines anderen Organs der Genossenschaft für einzelne Geschäfte erfordert ist.

Der Vorstand handelt nach außen hin unbeschränkt; Beschränkungen seiner Vertretungsbefugnis sind nach außen hin wirkungslos; eine solche Beschränkung der Vertretungsbefugnis darf der Registerrichter nicht eintragen, § 8 Abs. 3 Ausf.V. v. 1. Juli 1899. Überschreitung der durch Statut oder Generalversammlung gezogenen Schranken macht den Vorstand nur der Genossenschaft gegenüber verantwortlich.

Diese Vertretungsbeschränkungen können nur durch Statut oder Generalversammlungsbeschluß ausgesprochen werden.

Über gesetzliche Beschränkungen vergl. §§ 39, 49.

§ 28.

Jede Änderung des Vorstandes, sowie die Beendigung der Vertretungsbefugnis eines Vorstandsmitgliedes ist durch den Vorstand zur Eintragung in das Genossenschaftsregister anzumelden. Eine Abschrift der Urkunden über die Bestellung oder über die Beendigung der Vertretungsbefugnis eines Vorstandsmitgliedes ist der Anmeldung beizufügen und wird bei dem Gericht aufbewahrt.

Die Vorstandsmitglieder haben ihre Unterschrift vor dem Gerichte zu zeichnen oder die Zeichnung in beglaubigter Form einzureichen.

§ 29.

Eine Änderung des Vorstandes, eine Beendigung der Vertretungsbefugnis eines Vorstandsmitgliedes, sowie eine Änderung des Statuts rücksichtlich der Form für Willenserklärungen des Vorstandes kann, solange sie nicht in das Genossenschaftsregister eingetragen und öffentlich bekannt gemacht ist, von der Genossenschaft einem Dritten nicht entgegengesetzt werden, es sei denn, daß dieser von der Änderung oder Beendigung Kenntnis hatte.

Nach der Eintragung und Bekanntmachung muß der Dritte die Änderung oder Beendigung gegen sich gelten lassen, es sei denn, daß er sie weder kannte noch kennen mußte.

Für den Geschäftsverkehr mit einer in das Genossenschaftsregister eingetragenen Zweigniederlassung ist im Sinne dieser

Vorschriften die Eintragung und Bekanntmachung durch das Gericht der Zweigniederlassung entscheidend.

Neue Fassung durch Art. 10 Ziff. IV Einf.Ges. z. H.G.B. § 28 lautete bisher: Jede Änderung in der Zusammensetzung des Vorstandes sowie eine Wiederwahl oder eine Beendigung der Vollmacht von Mitgliedern desselben muß ohne Verzug zur Eintragung in das Genossenschaftsregister angemeldet werden. Zugleich haben neue Mitglieder ihre Unterschrift vor dem Gerichte zu zeichnen oder die Zeichnung in beglaubigter Form einzureichen. Eine Abschrift der Urkunden über ihre Bestellung oder über die Beendigung ihrer Vollmacht ist der Anmeldung beizufügen und bleibt in der Verwahrung des Gerichts. Soweit eine Wiederwahl von Vorstandsmitgliedern erfolgt ist, unterbleibt die Veröffentlichung der Eintragung.

§ 29 hatte bisher folgende Fassung:

Die Änderung in dem Vorstand oder Beendigung der Vollmacht eines Mitgliedes und eine Änderung des Statuts rücksichtlich der Form für Willenserklärungen des Vorstandes kann, solange sie nicht in das Genossenschaftsregister eingetragen und öffentlich bekannt gemacht ist, einem Dritten von der Genossenschaft nur entgegengesetzt werden, wenn letztere beweist, daß derselbe beim Abschlusse des Geschäfts von der Änderung oder Beendigung Kenntnis hatte.

Nach geschehener Eintragung und Bekanntmachung muß der Dritte, sofern nicht durch die Umstände die Annahme begründet wird, daß er beim Abschlusse des Geschäfts die Änderung oder Beendigung weder gekannt habe noch habe kennen müssen, dieselbe gegen sich gelten lassen.

Neu ist durch § 28, daß, entsprechend § 234 H.G.B., das Erfordernis der Anmeldung und Eintragung für eine Wiederwahl eines Vorstandsmitgliedes weggefallen ist, da auch die zeitliche Begrenzung der Bestellung nicht in das Register eingetragen wird.

Die ersten beiden Absätze des § 29 sind inhaltlich gleich mit der bisherigen Fassung. Abs. 3 soll eine Übereinstimmung mit § 15 Abs. 3 H.G.B. herbeiführen, wonach, wenn es sich darum handelt, ob eine nach Abs. 1 u. 2 vorliegende auf eine Zweigniederlassung bezügliche Thatsache Dritten entgegengesetzt werden kann, die Eintragung und Bekanntmachung durch das Gericht der Zweigniederlassung, nicht der Hauptniederlassung, entscheidet.

Über Anmeldung der Vorstandsmitglieder s. § 8 Ausf.V. vom 1. Juli 1899.

§ 30.

Der Vorstand hat ein Verzeichnis der Genossen zu führen und dasselbe mit der Liste in Übereinstimmung zu halten.

Der Vorstand hat das Verzeichnis der Genossen mit der gerichtlichen Liste, welche allein rechtliche Bedeutung hat, in Übereinstimmung zu halten; die entsprechenden Einträge können daher erst nach der gerichtlichen Mitteilung über die jeweiligen Eintragungen gemacht werden.

Wo, wie bei größeren Genossenschaften, ein eigenes „Kontobuch der

Genossen" besteht, kann dieses zugleich als Verzeichnis der Genossen geführt werden.

Ordnungsstrafen s. § 160.

§ 31.

Für Konsumvereine, welche einen offenen Laden haben, hat der Vorstand, um die Beobachtung der Bestimmung des § 8 Absatz 4 zu sichern, Anweisung darüber zu erlassen, auf welche Weise sich die Vereinsmitglieder oder deren Vertreter den Warenverkäufern gegenüber zu legitimieren haben. Abschrift der Anweisung hat er der höheren Verwaltungsbehörde, in deren Bezirk die Genossenschaft ihren Sitz hat, unverzüglich einzureichen.

Die höhere Verwaltungsbehörde ist befugt, die Mitglieder des Vorstandes zur Einreichung und nötigenfalls zur Abänderung oder Ergänzung der Anweisung durch Geldstrafen bis zum Betrage von je dreihundert Mark anzuhalten.

Gegen die Anordnungen und Straffestsetzungen der höheren Verwaltungsbehörde findet binnen zwei Wochen die Beschwerde an die Landeszentralbehörde statt.

§ 32.

Von Konsumvereinen oder von Gewerbetreibenden, welche mit solchen wegen Warenabgabe an die Mitglieder in Verbindung stehen, dürfen Marken oder sonstige nicht auf den Namen lautende Anweisungen oder Wertzeichen, welche anstatt baren Geldes die Mitglieder zum Warenbezug berechtigen sollen, nicht ausgegeben werden.

Neu aufgenommen durch Art. 1 Ziff. 3 des Gesetzes vom 12. August 1896. Konsumvereine dürfen im regelmäßigen Geschäftsverkehr nach § 8 Abs. 4 nur an Mitglieder oder deren Vertreter Waren verkaufen; dieselben müssen, soweit sie einen offenen Laden haben (s. S. 13), eine Anweisung über die Legitimation der Genossen als Käufer gegenüber den im offenen Laden als Warenverkäufer Angestellten erlassen.

§ 32 untersagt den Konsumvereinen oder Gewerbetreibenden, welche mit solchen wegen Warenabgabe an die Mitglieder in Verbindung stehen, die Ausgabe von Marken oder sonstigen nicht auf den Namen lautenden Anweisungen oder Wertzeichen als Zahlungssurrogaten.

Nicht verboten ist die Abgabe von Dividenden-Marken.

§ 33.

Der Vorstand ist verpflichtet, Sorge zu tragen, daß die erforderlichen Bücher der Genossenschaft geführt werden.

Er muß binnen sechs Monaten nach Ablauf jedes Geschäftsjahres die Bilanz desselben, die Zahl der im Laufe des Jahres eingetretenen oder ausgeschiedenen, sowie die Zahl der am Jahresschlusse der Genossenschaft angehörigen Genossen veröffentlichen. Die Bekanntmachung ist zu dem Genossenschaftsregister einzureichen.

Die Genossenschaften gelten als Kaufleute; hieraus folgt, wie bereits oben S. 9 hervorgehoben, die Pflicht der Bücherführung (cf. §§ 38 ff. H.G.B.). Welche Bücher zu führen sind, dies zu entscheiden obliegt dem pflichtgemäßen Ermessen des Vorstands.

Die Bücher müssen so geführt werden, daß aus ihnen, und nur aus ihnen, der finanzielle status des Unternehmens jederzeit entnommen werden kann.

Einsicht der Bücher ist den Genossen nicht gestattet (cf. § 43 Generalversammlung).

Die von der Generalversammlung genehmigte Bilanz muß veröffentlicht werden; abschriftliche Mitteilung an die Genossen etwa ist nicht zulässig (cf. M.B. S. 177); ebenso ist zu veröffentlichen eine Übersicht über den Mitgliederbestand; für Gen. m. beschr. H. vergl. ferner § 139.

Fraglich ist, ob die eingetragene Genossenschaft eine Eröffnungsbilanz aufzustellen hat, wie dies im § 39 H.G.B. allgemein für Kaufleute vorgeschrieben ist. Es ist dies aber zu verneinen, nachdem Abs. 2 des § 33 Gen.Ges. über die Bilanz von den allgemeinen Vorschriften der §§ 38 ff. H.G.B. abweichende und ausschließliche Bestimmungen trifft. (Ebenso die Kommentare; die Bemerkung in P.Cr. S. 124, mit welcher dort die Bestimmungen der Art. 28—40 H.G.B. als auf Genossenschaften Anwendung findend wiedergegeben werden und u. a. auf die Anfertigung einer Bilanz vor dem Beginn des Geschäfts hingewiesen wird, ist gegenüber den Ausführungen hierüber S. 177 irreführend.)

Die Bilanz ist von sämtlichen Vorstandsmitgliedern zu unterzeichnen.

Die Einreichung der Bekanntmachung der Bilanz ꝛc. braucht nicht durch sämtliche Vorstandsmitglieder und nicht in beglaubigter Form zu geschehen (Ausf.V. § 7 Abs. 1 vom 1. Juli 1899).

Ordnungsstrafen s. § 160 Abs. 1.

§ 34.

Die Mitglieder des Vorstandes haben die Sorgfalt eines ordentlichen Geschäftsmannes anzuwenden.

Mitglieder, welche ihre Obliegenheiten verletzen, haften der Genossenschaft persönlich und solidarisch für den dadurch entstandenen Schaden.

Insbesondere sind sie zum Ersatze der Zahlung verpflichtet, wenn entgegen den Vorschriften in §§ 19, 22 der Gewinn oder das Geschäftsguthaben ausgezahlt wird.

Die Ansprüche auf Grund der vorstehenden Bestimmungen verjähren in fünf Jahren.

Die Vorschriften des § 34 lehnen sich an die des § 241 H.G.B. an.

Das Maß der Sorgfalt ist dasselbe wie das für die Aufsichtsratsmitglieder (§ 41).

„Sorgfalt eines ordentlichen Geschäftsmannes" ist gleich der eines Hausvaters in geschäftlichen Dingen.

Die Beweislast bei Inanspruchnahme eines Vorstandsmitgliedes wegen Verletzung seiner Obliegenheiten trifft die Genossenschaft insoweit, als sie zu beweisen hat, daß ein Schaden eingetreten und dieser die Folge des pflichtwidrigen Handelns ist; Sache des Vorstandsmitgliedes ist es dann, nachzuweisen, daß er seine Pflicht erfüllt hat oder daß Umstände vorlagen, welche dies unmöglich machten (cf. auch Staub 2. Aufl. S. 485).

Die Haftung besteht gegenüber der Genossenschaft und ist für jedes Vorstandsmitglied solidarisch; daher keine Einrede der Vorausklage. R.G. Bd. 13 S. 51; cf. § 420 ff. B.G.B.

Im Falle gesetzwidriger Verminderung des Genossenschaftsvermögens durch unberechtigte Auszahlung von Mitgliederguthaben oder Gewinnanteilen sind die Vorstandsmitglieder ersatzpflichtig, ohne daß ein besonderer Schadennachweis erforderlich ist.

Der Ablauf der Verjährungsfrist bewirkt das Erlöschen eines jeden Schadensersatzanspruchs; über den Beginn der Verjährung vergl. nunmehr § 198 B.G.B. Über Ansprüche gegen Liquidatoren vergl. § 90, über direkte Haftpflicht den Gläubigern gegenüber bei Gen. m. beschr. Haftpflicht vergl. § 142.

§ 35.

Die für Mitglieder des Vorstandes gegebenen Vorschriften gelten auch für Stellvertreter von Mitgliedern.

Über die Anmeldung von Stellvertretern s. § 8 Abs. 1 Ausf.V. vom 1. Juli 1899.

§ 36.

Der Aufsichtsrat besteht, sofern nicht das Statut eine höhere Zahl festsetzt, aus drei von der Generalversammlung zu wählenden Mitgliedern. Die zu einer Beschlußfassung erforderliche Zahl ist durch das Statut zu bestimmen.

Die Mitglieder dürfen keine nach dem Geschäftsergebnis bemessene Vergütung (Tantieme) beziehen.

Die Bestellung zum Mitgliede des Aufsichtsrats kann auch vor Ablauf des Zeitraums, für welchen dasselbe gewählt ist, durch die Generalversammlung widerrufen werden. Der Beschluß bedarf einer Mehrheit von drei Vierteilen der erschienenen Genossen.

Der Aufsichtsrat ist das Kontrollorgan der Genossenschaft (cf. §§ 243 ff. H.G.B.).

Der Aufsichtsrat — nur diese Bezeichnung ist zulässig, nicht etwa Verwaltungsrat o. ä. — kann nur von der Generalversammlung gewählt werden.

Die Mindestzahl ist drei.

Tantiemen dürfen den Mitgliedern des Aufsichtsrats nicht vergütet werden, wohl aber den Vorstandsmitgliedern (Tantiemenbezug für Aufsichtsräte bei Aktiengesellschaften zulässig § 245 H.G.B.).

Dadurch ist nicht ausgeschlossen, daß einzelne oder alle Mitglieder feste Bezüge oder aus der Bilanz einen von der Generalversammlung festzusetzenden Betrag (Remuneration) beziehen.

Mit dem Tantiemenverbot sollte „die Möglichkeit ausgeschlossen werden, daß sich der Aufsichtsrat, der als kontrollierende Behörde die Pflicht hat, die Höhe des Gewinnes gegenüber der Solidität des Geschäfts zurücktreten zu lassen, bei Ausübung seiner Thätigkeit durch die Aussicht auf Gewinn bestimmen lasse". Festsetzung ständiger wie unständiger Bezüge unterliegt der Beschlußfassung der Generalversammlung.

Während die Aufsichtsratsmitglieder für ihre Person den Rücktritt während der Zeitdauer ihrer Funktion nur aus gewichtigen Gründen und nicht nach freiem Belieben bethätigen können, kann die Bestellung seitens der Generalversammlung auch vor Ablauf der Wahlperiode widerrufen werden, aber nur mit ³/₄ Majorität.

Der Aufsichtsrat darf nicht unter die Mindestzahl von 3 Mitgliedern heruntergehen (vergl. § 148).

§ 37.

Die Mitglieder des Aufsichtsrats dürfen nicht zugleich Mitglieder des Vorstandes oder dauernd Stellvertreter derselben sein, auch nicht als Beamte die Geschäfte der Genossenschaft führen. Nur für einen im voraus begrenzten Zeitraum kann der Aufsichtsrat einzelne seiner Mitglieder zu Stellvertretern von behinderten Mitgliedern des Vorstandes bestellen; während dieses Zeitraums und bis zur erteilten Entlastung des Vertreters darf der letztere eine Thätigkeit als Mitglied des Aufsichtsrats nicht ausüben.

Scheiden aus dem Vorstande Mitglieder aus, so dürfen dieselben nicht vor erteilter Entlastung in den Aufsichtsrat gewählt werden.

§ 37 gründet sich auf den stets scharf zu sondernden Unterschied zwischen Vorstand als geschäftsleitendem und Aufsichtsrat als kontrollierendem Organ; er regelt übrigens die Frage der Stellvertretung nicht ausschließlich, sondern nur, soweit eben der Aufsichtsrat es für angezeigt erachtet, aus seiner Mitte einen Stellvertreter aufzustellen; im übrigen ist der Aufsichtsrat nicht behindert, auch andere Personen als Vorstandsstellvertreter zu benennen, wie überhaupt die Stellvertretung im allgemeinen auch durch Statut geregelt werden kann (so auch P.Cr. S. 190 ff. und jetzt auch M.B. S. 187 ff.).

§ 38.

Der Aufsichtsrat hat den Vorstand bei seiner Geschäftsführung in allen Zweigen der Verwaltung zu überwachen und zu dem Zweck sich von dem Gange der Angelegenheiten der Genossenschaft zu unterrichten. Er kann jederzeit über dieselben Berichterstattung von dem Vorstande verlangen und selbst oder durch einzelne von ihm zu bestimmende Mitglieder die Bücher und Schriften der Genossenschaft einsehen, sowie den Bestand der Genossenschaftskasse und die Bestände an Effekten, Handelspapieren und Waren untersuchen. Er hat die Jahresrechnung, die Bilanzen und die Vorschläge zur Verteilung von Gewinn und Verlust zu prüfen und darüber der Generalversammlung vor Genehmigung der Bilanz Bericht zu erstatten.

Er hat eine Generalversammlung zu berufen, wenn dies im Interesse der Genossenschaft erforderlich ist.

Weitere Obliegenheiten des Aufsichtsrats werden durch das Statut bestimmt.

Die Mitglieder des Aufsichtsrats können die Ausübung ihrer Obliegenheiten nicht anderen Personen übertragen.

Die Pflichten des Aufsichtsrats einer Genossenschaft sind mit geringen wörtlichen, unwesentlichen Abweichungen ganz analog den Bestimmungen des § 246 H.G.B. geregelt. Der Geschäftskreis ist hier wie dort gleich normiert.

Abs. 1 behandelt den Umfang der Kontrollpflicht, Abs. 2 die Pflicht der Einberufung einer Generalversammlung (cf. § 44 Abs. 2), Abs. 3 die Einräumung weiterer Obliegenheiten, Abs. 4 das Verbot der Übertragung dieser Obliegenheiten.

Die Einräumung weiterer Obliegenheiten durch das Statut ist natürlich nur soweit zulässig, als dadurch der Charakter des Aufsichtsrats als kontrollierendes Organ gewahrt bleibt. Dadurch ist nicht ausgeschlossen, daß der Aufsichtsrat mit dem Vorstande über besonders wichtige Angelegenheiten beschließt oder die Ausführung derselben von der Genehmigung des Aufsichtsrats abhängig gemacht wird.

Die Mitglieder des Aufsichtsrats können ihre Obliegenheiten nicht anderen d. h. dem Aufsichtsrate nicht angehörigen Personen übertragen.

Der Aufsichtsrat kann eines seiner Mitglieder mit der ständigen Kontrolle betrauen.

§ 39.

Der Aufsichtsrat ist ermächtigt, die Genossenschaft bei Abschließung von Verträgen mit dem Vorstande zu vertreten und gegen die Mitglieder desselben die Prozesse zu führen, welche die Generalversammlung beschließt.

Der Genehmigung des Aufsichtsrats bedarf jede Gewährung von Kredit an ein Mitglied des Vorstandes, soweit letztere nicht durch das Statut an noch andere Erfordernisse geknüpft oder ausgeschlossen ist. Das Gleiche gilt von der Annahme eines Vorstandsmitgliedes als Bürgen für eine Kreditgewährung.

In Prozessen gegen die Mitglieder des Aufsichtsrats wird die Genossenschaft durch Bevollmächtigte vertreten, welche in der Generalversammlung gewählt werden.

§ 39 statuiert ein Vertretungsrecht des Aufsichtsrates, und zwar in Fällen der Abschließung von Verträgen zwischen Genossenschaft und Vorstand; der Aufsichtsrat ist Kläger gegenüber den Mitgliedern des Vorstands, gegen welche die Generalversammlung Prozesse zu führen beschließt.

Für Klagen der Genossenschaft gegen Aufsichtsratsmitglieder aus ihren Obliegenheiten ist durch die Generalversammlung ein Bevollmächtigter zu wählen.

Kreditgewährung an Vorstandsmitglieder oder die Annahme eines solchen als Bürgen für eine Kreditgewährung bedarf der vorherigen Genehmigung des Aufsichtsrats; das Statut kann dieselbe ganz ausschließen oder noch andere Erfordernisse hiefür aufstellen.

§ 40.

Der Aufsichtsrat ist befugt, nach seinem Ermessen Mitglieder des Vorstandes vorläufig, bis zur Entscheidung der ohne Verzug zu berufenden Generalversammlung, von ihren Geschäften zu entheben und wegen einstweiliger Fortführung derselben das Erforderliche zu veranlassen.

Die Suspension vom Amte steht im pflichtgemäßen Ermessen des Aufsichtsrats; sie ist nur eine vorläufige Maßregel, welche der Endentscheidung der ohne Verzug zu berufenden Generalversammlung unterliegt. Die Suspension gilt als Beendigung der Vertretungsbefugnis und ist zum Genossenschaftsregister anzumelden. § 18 Abs. 2 Ausf.V. vom 1. Juli 1899.

§ 41.

Die Mitglieder des Aufsichtsrats haben die Sorgfalt eines ordentlichen Geschäftsmannes anzuwenden.

Mitglieder, welche ihre Obliegenheiten verletzen, haften der Genossenschaft persönlich und solidarisch für den dadurch entstandenen Schaden.

Insbesondere sind sie in den Fällen des § 34 Absatz 3 zum Ersatze der Zahlung verpflichtet, wenn diese mit ihrem Wissen und ohne ihr Einschreiten erfolgt ist.

Die Ansprüche auf Grund der vorstehenden Bestimmungen verjähren in fünf Jahren.

cf. die analogen Bestimmungen des § 249 H.G.B.

Der Umfang der Haftung ist der gleiche wie für den Vorstand. cf. § 34; oben S. 31.

Strafbestimmungen: §§ 146, 147, 148.

§ 42.

Der Betrieb von Geschäften der Genossenschaft, sowie die Vertretung der letzteren in Bezug auf diese Geschäftsführung kann auch sonstigen Bevollmächtigten oder Beamten der Genossenschaft zugewiesen werden. In diesem Falle bestimmt sich die Befugnis derselben nach der ihnen erteilten Vollmacht; sie erstreckt sich im Zweifel auf alle Rechtshandlungen, welche die Ausführung derartiger Geschäfte gewöhnlich mit sich bringt.

Die Bestellung von Prokuristen oder von Handlungsbevollmächtigten zum gesamten Geschäftsbetriebe findet nicht statt.

Der Vorstand ist der gesetzliche Vertreter der Genossenschaft; es steht aber nichts im Wege und wird unter Umständen durchaus notwendig, daß der Vorstand sich eines Vertreters bedient.

Als solcher kann eines der Vorstandsmitglieder bestellt werden.

Die Vertretung muß sich aber auf einen bestimmten Geschäftskreis beschränken, umfaßt hinwiederum innerhalb desselben alle notwendig werdenden Handlungen und Erklärungen mit bindender Kraft für die Genossenschaft; der Vorstandsvertreter zeichnet hiebei allein die Firma. § 42 läßt eine Vertretung durch sonstige Bevollmächtigte oder Beamte der Genossenschaft zu.

Die Bestimmung hierüber fällt in die Kompetenz des Vorstands.

Die Zeichnung dieser Bevollmächtigten richtet sich nach den Bestimmungen der Vollmacht.

Die in § 42 bezeichneten Vertreter brauchen nicht Mitglieder des Vorstands zu sein.

Eine solche Vollmacht wird in der Regel schriftlich erteilt, kann aber auch mündlich oder stillschweigend erteilt sein.

Vergl. die Bestimmungen über Vertretung und Vollmacht in § 164 ff. B.G.B. Gänzlich ausgeschlossen ist die Bestellung von Prokuristen oder Handlungsbevollmächtigten zum gesamten Geschäftsbetriebe (cf. dagegen § 238 H.G.B.).

§ 43.

Die Rechte, welche den Genossen in den Angelegenheiten der Genossenschaft, insbesondere in Bezug auf die Führung der Geschäfte, die Prüfung der Bilanz und die Verteilung von Gewinn und Verlust zustehen, werden in der Generalversammlung durch Beschlußfassung der erschienenen Genossen ausgeübt.

Jeder Genosse hat eine Stimme.

Ein Genosse, welcher durch die Beschlußfassung entlastet oder von einer Verpflichtung befreit werden soll, hat hierbei kein Stimmrecht. Dasselbe gilt von einer Beschlußfassung, welche den Abschluß eines Rechtsgeschäfts mit einem Genossen betrifft.

Die Genossen können das Stimmrecht nicht durch Bevollmächtigte ausüben. Diese Bestimmung findet auf handlungsunfähige Personen, Korporationen, Handelsgesellschaften, Genossenschaften oder andere Personenvereine und, wenn das Statut die Teilnahme von Frauen an der Generalversammlung ausschließt, auf Frauen keine Anwendung. Ein Bevollmächtigter kann nicht mehr als einen Genossen vertreten.

Der einzelne Genosse kann in keiner Weise irgendwie auf die Geschäftsführung einwirken; dies steht nur der Gesamtheit der Genossen zu, welche als solche die *Generalversammlung* bilden.

Abs. 1 regelt die Zuständigkeit der Generalversammlung, jedoch nicht erschöpfend, sondern führt nur die hauptsächlichsten Rechte an.

Über die Beschlußfassung der erschienenen Genossen ist im Gesetze nichts bestimmt.

Nach dem Grundsatze: tres faciunt collegium sind als Mindestzahl 3 Genossen notwendig (außer den Mitgliedern des Vorstands und Aufsichtsrats, Abs. 3), um *beschlußfähig* zu sein.

Die Beschlußfassung erfolgt durch *einfache* Mehrheit der abgegebenen Stimmen, soweit nicht qualifizierte Mehrheit vorgeschrieben; bei Stimmengleichheit ist der Antrag abgelehnt.

Jeder Genosse hat *eine* und nur *eine* Stimme; wer z. B. bei Gen. m. beschr. Haftpflicht mit 10 Geschäftsanteilen beteiligt ist, hat nur *eine* Stimme (siehe § 134).

Bei Beschlußfassung über die Bilanz und die Erteilung der Entlastung haben die Mitglieder des Vorstands und Aufsichtsrats kein Stimmrecht.

Die Ausübung des Stimmrechts ist ein höchstpersönliches Recht; es kann daher nicht durch Vertreter ausgeübt werden; auch Frauen müssen in eigener Person abstimmen, soferne nicht das Statut die Teilnahme von Frauen an der Generalversammlung ausschließt.

Weitere Ausnahmen Abs. 4 Satz 2; vergl. auch § 77.

Der letzte Satz des 4. Abs. soll einer Häufung von Vertretungen vorbeugen.

Über nichtige Generalversammlungsbeschlüsse s. zu § 94.

§ 44.

Die Generalversammlung wird durch den Vorstand berufen, soweit nicht nach dem Statut oder diesem Gesetze auch andere Personen dazu befugt sind.

Eine Generalversammlung ist außer den im Statut oder in diesem Gesetze ausdrücklich bestimmten Fällen zu berufen, wenn dies im Interesse der Genossenschaft erforderlich erscheint.

Durch Statut kann auch der Aufsichtsrat bezw. dessen Vorsitzender ermächtigt sein, die Generalversammlung einzuberufen; durch Gesetz cf. §§ 38 Abs. 2, 45, 89.

§ 45.

Die Generalversammlung muß ohne Verzug berufen werden, wenn der zehnte Teil oder der im Statut hierfür bezeichnete geringere Teil der Genossen in einer von ihnen unterschriebenen Eingabe unter Anführung des Zwecks und der Gründe die Berufung verlangt.

In gleicher Weise sind die Genossen berechtigt, zu verlangen, daß Gegenstände zur Beschlußfassung einer Generalversammlung angekündigt werden.

Wird dem Verlangen nicht entsprochen, so kann das Gericht (§ 10) die Genossen, welche das Verlangen gestellt haben, zur Berufung der Generalversammlung oder zur Ankündigung des Gegenstandes ermächtigen. Mit der Berufung oder Ankündigung ist die gerichtliche Ermächtigung bekannt zu machen.

§ 45 regelt das Recht der Genossen auf Einberufung einer Generalversammlung oder Ankündigung von Gegenständen zur Beschlußfassung einer Generalversammlung.

Die gerichtliche Ermächtigung steht im freien Ermessen des Gerichts.

Nach § 148 Abs. 2 des Ges. über fr. Ger. finden die Vorschriften des § 146 Abs. 1, 2 des genannten Gesetzes auf die nach § 45 Abs. 3, § 61, § 83 Abs. 3, 4, § 93 des Gen.Ges. von dem Registergerichte zu erledigenden Angelegenheiten Anwendung.

Darnach hat, soweit ein Gegner des Antragstellers vorhanden ist, das Gericht denselben, wenn thunlich, zu hören (§ 145 Abs. 1).

Im Falle des § 45 Abs. 3 ist als Gegner Vorstand bezw. Aufsichtsrat anzusehen.

Gegen die Verfügung, durch welche über den Antrag entschieden wird, findet die sofortige Beschwerde statt (§ 145 Abs. 2).

Die Beschwerde steht nach § 20 Abs. 1 des Ges. über die freiw. Gerichtsbarkeit jedem zu, dessen Recht durch die Verfügung beeinträchtigt ist; im Falle der Ermächtigung durch das Gericht also dem Vorstande, aber auch den Genossen. Wird die Ermächtigung entgegen dem Antrag der Genossen nicht erteilt, so haben nur diese ein Beschwerderecht (cf. § 20 Abs. 2 l. c.: „Soweit eine Verfügung nur auf Antrag erlassen werden kann und der Antrag zurückgewiesen worden ist, steht die Beschwerde nur dem Antragsteller zu").

Über die Beschwerde cf. §§ 21 ff.; weitere Beschwerde nur nach § 27 ff. Ges. über fr. Ger.

§ 148 bezw. § 146 Abs. 1, 2 und § 19 ff. Ges. über fr. Ger. sind an die Stelle des früheren § 150 des Gen.Ges. getreten, welcher lautete: „Gegen die Entscheidung über Anträge auf Eintragung in das Genossenschaftsregister oder die Liste der Genossen oder auf Vormerkung in der letzteren finden die Rechtsmittel statt, welche gegen die Entscheidung über Eintragungen in das Handelsregister zulässig sind." § 150 wurde ausdrücklich aufgehoben durch § 187 Ges. über fr. Ger.

§ 46.

Die Berufung der Generalversammlung muß in der durch das Statut bestimmten Weise mit einer Frist von mindestens einer Woche erfolgen.

Der Zweck der Generalversammlung soll jederzeit bei der Berufung bekannt gemacht werden. Über Gegenstände, deren Verhandlung nicht in der durch das Statut oder durch § 45 Absatz 3 vorgesehenen Weise mindestens drei Tage vor der Generalversammlung angekündigt ist, können Beschlüsse nicht gefaßt werden; hiervon sind jedoch Beschlüsse über die Leitung der Versammlung, sowie über Anträge auf Berufung einer außerordentlichen Generalversammlung ausgenommen.

Zur Stellung von Anträgen und zu Verhandlungen ohne Beschlußfassung bedarf es der Ankündigung nicht.

Die Vorschriften des § 46 Abs. 1 u. 2 sind zwingender Natur; Verletzung derselben begründet eine Anfechtung der Beschlüsse; nur die Angabe des Zweckes der Generalversammlung ist nicht sofort mit der Berufung derselben erfordert; bekannt gegeben muß derselbe aber vorher werden.

Beschränkung der Verhandlungen der Generalversammlung s. § 149.

§ 47.

Die Beschlüsse der Generalversammluug sind in ein

Protokollbuch einzutragen, dessen Einsicht jedem Genossen und der Staatsbehörde gestattet werden muß.

Das Protokollbuch ist eine notwendige Einrichtung; über die Beweiskraft desselben cf. M.B. S. 219; für Beschlüsse der Generalversammlung von Aktiengesellschaften ist notarielle oder gerichtliche Beurkundung vorgeschrieben § 259 H.G.B.

Strafvorschriften s. § 160.

§ 48.

Die Generalversammlung hat über die Genehmigung der Bilanz zu beschließen und von dem Gewinn oder Verlust den auf die Genossen fallenden Betrag festzusetzen.

Die Bilanz, sowie eine den Gewinn und Verlust des Jahres zusammenstellende Berechnung (Jahresrechnung) sollen mindestens eine Woche vor der Versammlung in dem Geschäftslokale der Genossenschaft oder an einer anderen, durch den Vorstand bekannt zu machenden, geeigneten Stelle zur Einsicht der Genossen ausgelegt oder sonst denselben zur Kenntnis gebracht werden. Jeder Genosse ist berechtigt, auf seine Kosten eine Abschrift der Bilanz, sowie der Jahresrechnung zu verlangen.

Der Vorstand stellt die Bilanz auf, der Aufsichtsrat prüft, die Generalversammlung beschließt über dieselbe.

Bei Genehmigung erteilt die Generalversammlung ferner dem Vorstand und Aufsichtsrat Entlastung (cf. P.Cr. S. 226, M.B. S. 221). Es muß auch eine Entlastung des Aufsichtsrats gefordert werden, da dieser ebenfalls eine verantwortliche Thätigkeit ausübt.

Mit einer vorbehaltslosen Genehmigung der Bilanz geht Hand in Hand die Bestimmung des auf die Genossen fallenden Betrages des Gewinnes und Verlustes.

Durch die Beschlußfassung und Genehmigung der Bilanz gelten notwendig sämtliche Posten derselben als genehmigt.

§ 49.

Die Generalversammlung hat festzusetzen:

1. den Gesamtbetrag, welchen Anleihen der Genossenschaft und Spareinlagen bei derselben nicht überschreiten sollen;
2. die Grenzen, welche bei Kreditgewährungen an Genossen eingehalten werden sollen.

Durch den § 49 „soll der Gesamtbetrag, welchen aufzunehmendes fremdes Kapital und ebenso der Betrag, welchen der einem einzelnen Genossen insgesamt zu gewährende Kredit nicht übersteigen darf, festgesetzt werden. Das richtige Verhältnis zwischen dem fremden Kapital, welches eine Genossenschaft in ihrem Geschäfte verwendet, und ihrem eigenen Vermögen bildet die notwendige Grundlage für eine solide Geschäftsführung und enthält zugleich einen Schutz gegen die Gefahr persönlicher Heranziehung der einzelnen Genossen. Andererseits verhindert die Festsetzung einer Maximalgrenze für den Kredit, der einem einzelnen Genossen gewährt werden darf, die ungerechtfertigte Begünstigung einzelner Mitglieder und beschränkt den Verlust, der aus dem Vermögensverfall eines einzelnen Schuldners der Genossenschaft erwachsen kann." (Motive S. 125.)

Eine Überschreitung der für den Aktiv- und Passivkredit gezogenen Grenzen macht Vorstand und Aufsichtsrat nach § 27 Abs. 1, §§ 34 und 41 der Genossenschaft gegenüber verantwortlich. Die Gültigkeit der einzelnen Geschäfte bleibt hiedurch unberührt (ebenda S. 126).

§ 50.

Soweit das Statut die Genossen zu Einzahlungen auf den Geschäftsanteil verpflichtet, ohne dieselben nach Betrag und Zeit festzusetzen, unterliegt ihre Festsetzung der Beschlußfassung durch die Generalversammlung.

Siehe oben zu § 7.

§ 51.

Ein Beschluß der Generalversammlung kann wegen Verletzung des Gesetzes oder des Statuts im Wege der Klage angefochten werden. Die Klage muß binnen einem Monat erhoben werden.

Zur Anfechtung befugt ist jeder in der Generalversammlung erschienene Genosse, sofern er gegen den Beschluß Widerspruch zum Protokoll erklärt hat, und jeder nicht erschienene Genosse, sofern er zu der Generalversammlung unberechtigter Weise nicht zugelassen worden ist oder sofern er die Anfechtung darauf gründet, daß die Berufung der Versammlung oder die Ankündigung des Gegenstandes der Beschlußfassung nicht gehörig erfolgt sei. Außerdem ist der Vorstand und, wenn der Beschluß eine Maßregel zum Gegenstande hat, durch deren Ausführung sich die Mitglieder des Vorstandes und des Aufsichtsrats strafbar oder den Gläubigern der Genossenschaft haftbar machen würden, jedes Mitglied des Vorstandes und des Aufsichtsrats zur Anfechtung befugt.

Die Klage ist gegen die Genossenschaft zu richten. Die Genossenschaft wird durch den Vorstand, sofern dieser nicht selbst klagt, und durch den Aufsichtsrat vertreten. Zuständig für die Klage ist ausschließlich das Landgericht, in dessen Bezirke die Genossenschaft ihren Sitz hat. Die mündliche Verhandlung erfolgt nicht vor Ablauf der im ersten Absatz bezeichneten Frist. Mehrere Anfechtungsprozesse sind zur gleichzeitigen Verhandlung und Entscheidung zu verbinden.

Die Erhebung der Klage sowie der Termin zur mündlichen Verhandlung sind ohne Verzug von dem Vorstande in den für die Bekanntmachungen der Genossenschaft bestimmten Blättern zu veröffentlichen.

Soweit durch ein Urteil rechtskräftig der Beschluß für nichtig erklärt ist, wirkt es auch gegenüber den Genossen, welche nicht Partei sind. War der Beschluß in das Genossenschaftsregister eingetragen, so hat der Vorstand dem Gerichte (§ 10) das Urteil behufs der Eintragung einzureichen. Die öffentliche Bekanntmachung der letzteren erfolgt, soweit der eingetragene Beschluß veröffentlicht war.

Jetzige Fassung durch Art. 10 Ziff. V des Einf.Ges. z. H.G.B.
Bisherige Fassung:

§ 49.

Ein Beschluß der Generalversammlung kann wegen Verletzung des Gesetzes oder des Statuts als ungültig im Wege der Klage angefochten werden. Dieselbe findet nur binnen der Frist von einem Monat statt. Zur Anfechtung befugt ist außer dem Vorstande jeder in der Generalversammlung erschienene Genosse, sofern er gegen den Beschluß Widerspruch zu Protokoll erklärt hat, und jeder nicht erschienene Genosse, sofern er die Anfechtung darauf gründet, daß die Berufung der Generalversammlung oder die Ankündigung des Gegenstandes der Beschlußfassung nicht gehörig erfolgt war.

Die Klage ist gegen die Genossenschaft zu richten. Die Genossenschaft wird durch den Vorstand, sofern dieser nicht selbst klagt, und durch den Aufsichtsrat vertreten. Zuständig für die Klage ist ausschließlich das Landgericht, in dessen Bezirke die Genossenschaft ihren Sitz hat. Die mündliche Verhandlung erfolgt nicht vor Ablauf der im ersten Absatze bezeichneten Frist. Mehrere Anfechtungsprozesse sind zur gleichzeitigen Verhandlung und Entscheidung zu verbinden.

Die Erhebung der Klage sowie der Termin zur mündlichen Verhandlung sind ohne Verzug von dem Vorstand in den für die Bekanntmachungen der Genossenschaft bestimmten Blättern zu veröffentlichen.

Soweit durch ein Urteil rechtskräftig der Beschluß für ungültig erklärt ist, wirkt es auch gegenüber den Genossen, welche nicht Partei sind. War der Beschluß in das Genossenschaftsregister eingetragen, so hat der Vorstand dem Gerichte (§ 10) das Urteil behufs der Eintragung einzureichen. Die öffentliche Bekanntmachung der letzteren erfolgt, soweit der eingetragene Beschluß veröffentlicht war.

Das Recht aus § 51 gehört zu den sogenannten Individualrechten, welche dem Einzelnen in allgemeinen wirtschaftlichen Angelegenheiten der Gesellschaft zustehen im Gegensatze zu den Sonderrechten, welche dem einzelnen Mitgliede als solchem in Verfolgung dessen Interessen gegenüber der Genossenschaft gewährt sind (z. B. Recht auf Mitgliedschaft, auf Anteil am Gewinn).

Die Klage muß mit Verletzung des Gesetzes oder des Statuts begründet sein.

Verletzung des Gesetzes ist die Verletzung jeder Rechtsnorm, nicht blos des Genossenschaftsgesetzes (nur in letzterem Sinne P.Cr. S. 235 und M.B. S. 230, richtig Staub S. 455).

Die Klage muß binnen einem Monat erhoben d. h. zugestellt sein (cf. § 253 C.P.O.); als Beklagte gilt die Genossenschaft; ausschließlich zuständig ist das Landgericht des Sitzes der Genossenschaft.

Die Frist zur Klageerhebung beginnt mit dem Tage der Generalversammlung; sie ist ausschließend, eine Wiedereinsetzung in den vorigen Stand nicht möglich.

Sofern ein nicht erschienener Genosse die Anfechtung auf nicht gehörige Berufung der Versammlung oder Ankündigung des Gegenstandes der Beschlußfassung gründen will, beginnt auch hier stets die Frist mit dem Tage der Beschlußfassung; sie beginnt auch gegen ihn, wenn er erst später von den Beschlüssen Kenntnis erhalten hat (a. A. P.Cr. S. 236, M.B. S. 229).

Die Vorschrift des Abs. 1 ist genau den aktienrechtlichen Bestimmungen nachgebildet (Art. 190ab, 222 und § 271 H.G.B.), die auf die oben niedergelegte Ansicht sich gründen.

Es enthält übrigens einen Widerspruch, die Frist, wie M.B. S. 230, als eine Präclusivfrist und keine Notfrist zu bezeichnen und dann doch eine spätere Anfechtung zuzulassen, die sich als nichts anderes als eine Wiedereinsetzung in den vorigen Stand charakterisiert.

Neu geschaffen ist das Anfechtungsrecht eines Genossen, der unberechtigter Weise nicht zur Generalversammlung zugelassen wurde; die Erklärung eines Widerspruchs zu Protokoll ist für diesen natürlich nicht möglich und daher auch nicht gefordert.

Eine solche Erklärung ist auch nicht notwendig für das Anfechtungsrecht des Vorstandes oder der Mitglieder desselben wie des Aufsichtsrats.

Dieses Recht ist für Vorstand und Aufsichtsrat, dem es bisher gar nicht zustand, neu geregelt.

„In Ansehung der Mitglieder des Aufsichtsrats ist die Vorschrift um deswillen geboten, weil sie ein berechtigtes Interesse haben, in Fällen der fraglichen Art zur Erhebung der Anfechtungsklage auch dann schreiten zu können, wenn sie in der Generalversammlung nicht anwesend waren oder ihren Widerspruch nicht zu Protokoll erklärt haben" (Motive z. H.G.B. S. 163 und 313).

Klagen sämtliche Mitglieder des Vorstandes und Aufsichtsrats, so ist die Genossenschaft ohne Vertreter im Prozesse (cf. Abs. 3); es muß dann zu der im § 57 C.P.O. vorgesehenen Bestellung eines Vertreters durch den Vorsitzenden des Prozeßgerichtes kommen.

Über Strafvorschriften bei Nichteinreichung des Urteils zur Eintragung in das Genossenschaftsregister s. § 160.

§ 52.

Für einen durch unbegründete Anfechtung des Beschlusses der Genossenschaft entstandenen Schaden haften ihr solidarisch die Kläger, welchen bei Erhebung der Klage eine bösliche Handlungsweise zur Last fällt.

Die Bestimmung soll unbegründete Anfechtungen verhindern; „bösliche Handlungsweise ist neben Dolus nicht allgemein die grobe Fahrlässigkeit, sondern nur derjenige Frevelmut, welcher sich der rechtswidrigen Folgen seines Verhaltens bewußt ist“ (R.G. Bd. 1. 22).

Vierter Abschnitt.

Revision.

§ 53.

Die Einrichtungen der Genossenschaft und die Geschäftsführung derselben in allen Zweigen der Verwaltung sind mindestens in jedem zweiten Jahre der Prüfung durch einen der Genossenschaft nicht angehörigen, sachverständigen Revisor zu unterwerfen.

„Für Genossenschaften wurde eine weitere Kontrole, als die, welche der Aufsichtsrat bietet, als ein Bedürfnis erachtet; es wird sich empfehlen, als dauernde Einrichtung eine regelmäßig wiederkehrende umfassende Prüfung der Geschäftsführung und Vermögenslage durch einen sachverständigen Revisor vorzuschreiben, der von den einzelnen Genossen unabhängig ist und über die Art und Weise seiner Untersuchung und deren Ergebnis zu berichten hat“ (Motive S. 70 ff.) Die Prüfung darf sich nicht auf Stichproben u. ä. beschränken, sondern muß in die Details der Geschäfte eingehen.

Als „Jahr“ ist das Kalenderjahr zu verstehen.

§ 54.

Für Genossenschaften, welche einem den nachfolgenden Anforderungen genügenden Verbande angehören, ist diesem das Recht zu verleihen, den Revisor zu bestellen.

„Die Bestellung und Besoldung des Revisors ist für die Genossenschaften in der Regel von den bestehenden Verbänden gewerblicher oder landwirtschaftlicher Genossenschaften an die Hand genommen worden. An diese Einrichtung wird sich das Gesetz zweckmäßig anlehnen" (Motive S. 71).

Diese Verbände müssen jedoch besondere Garantieen bieten, zu deren Erreichung die folgenden Bestimmungen der §§ 55 ff. getroffen sind.

§ 55.

Der Verband muß die Revision der ihm angehörigen Genossenschaften und kann auch sonst die gemeinsame Wahrnehmung ihrer im § 1 bezeichneten Interessen, insbesondere die Unterhaltung gegenseitiger Geschäftsbeziehungen zum Zweck haben. Andere Zwecke darf er nicht verfolgen.

§ 56.

Die Zwecke des Verbandes müssen in dem Statut desselben angegeben sein. Der Inhalt des Statuts muß erkennen lassen, daß der Verband imstande ist, der Revisionspflicht zu genügen. Das Statut hat insbesondere den Verbandsbezirk sowie die höchste und die geringste Zahl von Genossenschaften, welche der Verband umfassen kann, festzusetzen und die Bestimmungen über Auswahl und Bestellung der Revisoren, Art und Umfang der Revisionen, sowie über Bildung, Sitz und Befugnisse des Vorstandes und über die sonstigen Organe des Verbandes zu enthalten.

§ 57.

Die Verleihung des Rechts zur Bestellung des Revisors erfolgt, wenn der Bezirk des Verbandes sich über mehrere Bundesstaaten erstreckt, durch den Bundesrat, anderenfalls durch die Zentralbehörde des Bundesstaates.

Änderungen des Verbandsstatuts sind der nach Absatz 1 zuständigen Stelle einzureichen.

§ 58.

Der Verbandsvorstand hat das Statut mit einer beglaubigten Abschrift der Verleihungsurkunde, sowie alljährlich im Monat Januar ein Verzeichnis der dem Verbande angehörigen Genossenschaften den Gerichten (§ 10), in deren Bezirke diese ihren Sitz haben, sowie der höheren Verwaltungsbehörde, in deren Bezirke der Vorstand seinen Sitz hat, einzureichen.

§ 59.

Generalversammlungen des Verbandes dürfen nur innerhalb des Verbandsbezirks abgehalten werden.

Sie sind der höheren Verwaltungsbehörde, in deren Bezirke der Vorstand seinen Sitz hat, sowie der höheren Verwaltungsbehörde, in deren Bezirke die Versammlung abgehalten werden soll, unter Einreichung der Tagesordnung mindestens eine Woche vorher anzuzeigen.

Der letzteren Behörde steht das Recht zu, in die Versammlung einen Vertreter zu entsenden.

§ 60.

Das Recht zur Bestellung des Revisors kann dem Verbande entzogen werden:

1. wenn er sich gesetzwidriger Handlungen schuldig macht, durch welche das Gemeinwohl gefährdet wird, oder wenn er andere als die im § 55 bezeichneten Zwecke verfolgt;
2. wenn der Verband der ihm obliegenden Pflicht der Revision nicht genügt.

Die Entziehung wird nach Anhörung des Verbandsvorstandes durch die für die Verleihung zuständige Stelle ausgesprochen.

Von der Entziehung ist den im § 58 bezeichneten Gerichten Mitteilung zu machen.

§ 61.

Für Genossenschaften, welche einem Revisionsverbande (§§ 55 bis 57) nicht angehören, wird der Revisor durch das Gericht (§ 10) bestellt.

Der Vorstand der Genossenschaft hat die Bestellung zu beantragen.

Die Bestellung erfolgt, nachdem die höhere Verwaltungsbehörde über die Person des Revisors gehört ist. Erklärt die Behörde sich mit einer von der Genossenschaft vorgeschlagenen Person einverstanden, so ist diese zum Revisor zu bestellen.

Höhere Verwaltungsbehörde in Bayern Distriktspolizeibehörde, in München k. Polizeidirektion; vergl. § 148 Abs. 1 Ges. über fr. Ger.

§ 62.

Der Revisor hat gegen die Genossenschaft Anspruch auf Erstattung angemessener baarer Auslagen und auf Vergütung für seine Leistung nach Maßgabe der erforderlichen Zeitversäumnis.

Dem vom Gerichte bestellten Revisor werden in Ermangelung einer Einigung die Auslagen und die Vergütung durch das Gericht festgesetzt. Die Vorschriften im § 104 Absatz 2, § 105, § 794 No. 3 der C.P.O. finden Anwendung.

§ 63.

Der Vorstand der Genossenschaft hat dem Revisor die Einsicht der Bücher und Schriften der Genossenschaft und die Untersuchung des Bestandes der Genossenschaftskasse, sowie der Bestände an Effekten, Handelspapieren und Waren zu gestatten. Zu der Revision ist der Aufsichtsrat zuzuziehen.

Der Vorstand hat eine Bescheinigung des Revisors, daß die Revision stattgefunden hat, zum Genossenschaftsregister einzureichen und den Bericht über die Revision bei der Berufung der nächsten Generalversammlung als Gegenstand der Beschlußfassung anzukündigen. In der Generalversammlung hat der Aufsichtsrat sich über das Ergebnis der Revision zu erklären.

Der von einem Verbande bestellte Revisor hat eine Abschrift des Revisionsberichts dem Verbandsvorstande einzureichen.

Soll der Zweck der revisorischen Prüfung erfüllt werden, so muß natürlich dem Revisor die Möglichkeit geboten sein, einen vollständigen Einblick in das Geschäft zu bekommen.

Hiefür trifft daher Abs. 1 des § 63 Obsorge.

Die Anwesenheit des Aufsichtsrats ist vorgeschrieben; es muß aber genügen, wenn der Aufsichtsrat zu diesem Behufe seinen Vorsitzenden oder irgend ein sonstiges Mitglied desselben delegiert. Ist vom Aufsichtsrat, obwohl ihm die Revision richtig mitgeteilt, bei derselben niemand zugegen, so ist hierin (mit P.Cr. S. 261) die Nichtanwendung der Sorgfalt eines ordentlichen Geschäftsmannes (§ 41) zu erblicken.

Der Bericht über die Revision muß seitens des Aufsichtsrats auf die Tagesordnung der nächsten Generalversammlung gesetzt werden (cf. hieher P.Cr. S. 261 ff.).

§ 64.

Der Reichskanzler ist ermächtigt, allgemeine Anweisungen zu erlassen, nach welchen die Revisionsberichte anzufertigen sind.

Solche Anweisungen sind bis jetzt nicht erlassen worden.

Fünfter Abschnitt.

Ausscheiden einzelner Genossen.

§ 65.

Jeder Genosse hat das Recht, mittels Aufkündigung seinen Austritt aus der Genossenschaft zu erklären.

Die Aufkündigung findet nur zum Schlusse eines Geschäftsjahres statt. Sie muß mindestens drei Monate vorher schriftlich erfolgen. Durch das Statut kann eine längere, jedoch höchstens zweijährige Kündigungsfrist festgesetzt werden.

Ein den vorstehenden Bestimmungen zuwiderlaufendes Abkommen ist ohne rechtliche Wirkung.

Die Genossenschaften sind Gesellschaften von nicht geschlossener Mitgliederzahl. Wie daher im allgemeinen stets neue Mitglieder in Zugang kommen können, besteht auch die Möglichkeit, daß Mitglieder freiwillig oder gezwungen die Mitgliedschaft aufgeben.

§ 65 behandelt den Austritt durch Aufkündigung.

Dieselbe muß mindestens drei Monate vor dem Schlusse eines Geschäftsjahres erfolgen; durch Statut kann eine höchstens zweijährige Kündigung festgesetzt werden.

Jede weitere Beschränkung des Kündigungsrechts ist ohne rechtliche Wirkung.

Die Form der Kündigung ist schriftlich, da die Erklärung im Original zum Registergerichte eingereicht werden muß (cf. § 69; § 31 ff. Ausf.V. vom 1. Juli 1899).

Eine verspätete Kündigung — maßgebend ist der Tag des Einlaufs bei der Genossenschaft — gilt als nicht erfolgt (so richtig M.V. S. 273 und die Begründung; a. M. P.Cr. S. 267).

Die Kündigung kann nicht zurückgenommen werden; der neuerliche Beitritt nach Ablauf des Kündigungsjahres ist natürlich zulässig.

§ 66.

Der Gläubiger eines Genossen, welcher, nachdem innerhalb der letzten sechs Monate eine Zwangsvollstreckung in das Vermögen des Genossen fruchtlos versucht ist, die Pfändung und Überweisung des demselben bei der Auseinandersetzung mit der Genossenschaft zukommenden Guthabens erwirkt hat, kann behufs seiner Befriedigung das Kündigungsrecht des Genossen an dessen Stelle ausüben, sofern der Schuldtitel nicht bloß vorläufig vollstreckbar ist.

Der Aufkündigung muß eine beglaubigte Abschrift des Schuldtitels und der Urkunden über die fruchtlose Zwangsvollstreckung beigefügt sein.

§ 66 regelt das Kündigungsrecht des Gläubigers eines Genossen; dasselbe ist an besondere Voraussetzungen geknüpft:

1. Es muß innerhalb der letzten 6 Monate vor der Pfändung und Überweisung des Geschäftsguthabens von irgend einer Seite, nicht blos von dem kündenden Gläubiger, eine Zwangsvollstreckung in das Vermögen des Genossen fruchtlos erfolgt sein;
2. der Gläubiger muß die Pfändung und Überweisung des Guthabens erwirkt haben;
3. er muß einen nicht bloß vorläufig vollstreckbaren Schuldtitel haben.

   Solange das Urteil oder der Vollstreckungsbefehl noch nicht rechtskräftig geworden, sondern nur vorläufig vollstreckbar ist, findet ein Kündigungsrecht nicht statt; eine Pfändung des Geschäftsguthabens zur Sicherung des Vorrangs vor anderen Gläubigern ist natürlich zulässig;
4. Die Aufkündigung muß nach der Vorschrift des § 65 Abs. 2, also mindestens 3 Monate vor dem Schluß des Geschäftsjahres, erfolgen.

Der Gläubiger hat daher der Genossenschaft vorzulegen:

1. beglaubigte Abschrift des rechtskräftigen Schuldtitels;
2. beglaubigte Abschrift der Urkunden über die fruchtlose Zwangsvollstreckung; die Abschriften müssen gerichtlich oder notariell beglaubigt sein (Ausf.V. vom 1. Juli 1899 § 8 Abs. 2); Beglaubigung durch einen Gerichtsvollzieher, wie dies hie und da vorkommt, genügt nicht;
3. Pfändungs- und Überweisungsbeschluß des Gerichts;
4. schriftliche Kündigungserklärung des Gläubigers.

Über die Anmeldung zum Register s. § 69.

§ 67.

Ist durch das Statut die Mitgliedschaft an den Wohnsitz innerhalb eines bestimmten Bezirks geknüpft (§ 8 Nr. 2), so kann ein Genosse, welcher den Wohnsitz in dem Bezirke aufgibt, zum Schlusse des Geschäftsjahres seinen Austritt schriftlich erklären.

Imgleichen kann die Genossenschaft dem Genossen schriftlich erklären, daß er zum Schlusse des Geschäftsjahres auszuscheiden habe.

Über die Aufgabe des Wohnsitzes ist die Bescheinigung einer öffentlichen Behörde beizubringen.

Diese Bestimmung ist mit Rücksicht auf die Raiffeisen'schen Darlehnskassenvereine getroffen, welche die Mitgliedschaft auf einen bestimmten Bezirk beschränken. Die Kündigungsfrist des § 65 entfällt hier. Im Falle des Abs. 2 gilt die Erklärung der Genossenschaft als Kündigung.

§ 68.

Ein Genosse kann wegen des Verlustes der bürgerlichen Ehrenrechte, sowie wegen der Mitgliedschaft in einer anderen Genossenschaft, welche an demselben Orte ein gleichartiges Geschäft betreibt, zum Schlusse des Geschäftsjahres aus der Genossenschaft ausgeschlossen werden. Aus Vorschuß- und Kreditvereinen kann die Ausschließung wegen der Mitgliedschaft in einer anderen solchen Genossenschaft auch dann erfolgen, wenn die letztere ihr Geschäft nicht an demselben Orte betreibt.

Durch das Statut können sonstige Gründe der Ausschließung festgesetzt werden.

Der Beschluß, durch welchen der Genosse ausgeschlossen wird, ist diesem von dem Vorstande ohne Verzug mittels eingeschriebenen Briefes mitzuteilen.

Von dem Zeitpunkte der Absendung desselben kann der Genosse nicht mehr an der Generalversammlung teilnehmen, auch nicht Mitglied des Vorstandes oder des Aufsichtsrats sein.

§ 68 regelt das Ausschließungsrecht der Genossenschaft; die Ausübung desselben obliegt dem durch Statut hiezu bestimmten Organ, in der Regel dem Vorstand. Gegen die Ausschließung ist Klage zulässig; ist die Ausschließung durch Generalversammlungsbeschluß erfolgt, so erfolgt die Anfechtung desselben jedoch nicht nach § 51 (da es sich um ein Sonderrecht handelt). (M.B. S. 281, P.Cr. S. 274).

§ 69.

Der Vorstand ist verpflichtet, die Aufkündigung des Genossen oder des Gläubigers mindestens sechs Wochen vor dem Ende des Geschäftsjahres, zu dessen Schlusse sie stattgefunden hat, dem Gerichte (§ 10) zur Liste der Genossen einzureichen. Er hat zugleich die schriftliche Versicherung abzugeben, daß die Aufkündigung rechtzeitig erfolgt ist. Der Aufkündigung des Gläubigers sind die im § 66 Absatz 2 bezeichneten Urkunden, sowie eine beglaubigte Abschrift des Pfändungs- und Überweisungsbeschlusses beizufügen.

Imgleichen hat der Vorstand im Falle des § 67 mit der Bescheinigung die Erklärung des Genossen oder Abschrift der Erklärung der Genossenschaft, sowie im Falle der Ausschließung Abschrift des Beschlusses dem Gerichte einzureichen.

Die Einreichung ist bis zu dem im ersten Absatz bezeichneten Zeitpunkte und, wenn die Erklärung oder der Beschluß später erfolgt, ohne Verzug zu bewirken.

§ 70.

In die Liste ist die das Ausscheiden des Genossen begründende Thatsache und der aus den Urkunden hervorgehende Jahresschluß unverzüglich einzutragen.

In Folge der Eintragung scheidet der Genosse mit dem in der Liste vermerkten Jahresschlusse, wenn jedoch die Eintragung erst im Laufe eines späteren Geschäftsjahres bewirkt wird, mit dem Schlusse des letzteren aus der Genossenschaft aus.

Vergl. hieher Ausf.V. vom 1. Juli 1899 §§ 28 ff.

Die Kündigung wird erst perfekt durch die Eintragung; sie wirkt aber erst auf den gesetzmäßigen und in die Liste einzutragenden Zeitpunkt.

§ 71.

Auf Antrag des Genossen, im Falle des § 66 auf Antrag des Gläubigers, hat das Gericht die Thatsache, auf Grund deren das Ausscheiden, und den Jahresschluß, zu welchem dasselbe beansprucht wird, ohne Verzug in der Liste vorzumerken.

Erkennt der Vorstand den Anspruch in beglaubigter Form an oder wird er zur Anerkennung rechtskräftig verurteilt, so ist dies bei Einreichung des Anerkenntnisses oder Urteils der Vormerkung hinzuzufügen. Infolge dessen gilt der Austritt oder die Ausschließung als am Tage der Vormerkung eingetragen.

§ 71 gibt dem Genossen bezw. dem kündigenden Gläubiger ein Sicherungsmittel gegen die Nachteile einer vom Vorstand unterlassenen oder verzögerten Einreichung der Austrittserklärung in Gestalt einer Vormerkung.

Der Antrag auf Vormerkung ist an besondere Voraussetzungen nicht gebunden, insbesondere ist ein besonderer Nachweis oder eine Glaubhaftmachung der Thatsachen nicht gefordert; cf. § 35 Ausf.V. vom 1. Juli 1899.

§ 72.

Von der Eintragung, sowie der Vormerkung oder von deren Versagung hat das Gericht den Vorstand und den Genossen, im Falle des § 66 auch den Gläubiger, zu benachrichtigen.

Die behufs der Eintragung oder der Vormerkung eingereichten Urkunden bleiben in der Verwahrung des Gerichts.

Die Benachrichtigung erfolgt in der Regel durch Postkarte (§ 3 Ausf.V. vom 1. Juli 1899). Über die Kosten vergl. § 159 Gen.Ges. und § 11 Ausf.V. vom 1. Juli 1899.

§ 73.

Die Auseinandersetzung des Ausgeschiedenen mit der Genossenschaft bestimmt sich nach der Vermögenslage derselben und dem Bestande der Mitglieder zur Zeit seines Ausscheidens.

Die Auseinandersetzung erfolgt auf Grund der Bilanz. Das Geschäftsguthaben des Genossen ist binnen sechs Monaten nach dem Ausscheiden auszuzahlen; an den Reservefonds und das sonstige Vermögen der Genossenschaft hat er keinen Anspruch. Reicht das Vermögen einschließlich des Reservefonds und aller Geschäftsguthaben zur Deckung der Schulden nicht aus, so hat der Ausgeschiedene von dem Fehlbetrage den ihn treffenden Anteil an die Genossenschaft zu zahlen; der Anteil wird in Ermangelung einer anderen Bestimmung des Statuts nach der Kopfzahl der Mitglieder berechnet.

„Zufolge Ausscheidens des Genossen löst sich das Rechtsverhältnis desselben zu der Genossenschaft in einen dem Genossen oder der Genossenschaft zustehenden Anspruch auf Zahlung einer Geldsumme auf, deren Höhe durch die Vermögenslage der Genossenschaft und die Zahl der Genossen im Zeitpunkt des Ausscheidens bestimmt wird. In der Feststellung und Berichtigung dieses Anspruchs der Genossen und der Genossenschaft besteht die Auseinandersetzung zwischen denselben" (Motive S. 147).

Das Reichsgericht hat die Auseinandersetzung als ein auf Grund einer Rechnung geschlossenes Rechtsgeschäft bezeichnet; dagegen richtig P.Cr. S. 284, M.B. S. 291: die Auseinandersetzung ist die notwendige Folge der Beendigung der Mitgliedschaft, kein Rechtsgeschäft.

Die Vermögenslage zur Zeit des Ausscheidens bildet den Dividendus, die Zahl der Genossen den Divisor (M.B. S. 291).

Die Vermögenslage der Genossenschaft zur Zeit des Ausscheidens des Genossen wird auf Grund der Bilanz ermittelt. Das Ausscheiden findet zum Schluß eines Geschäftsjahres statt und die Bilanz gibt die Vermögenslage für das Geschäftsjahr wieder.

Ergibt die Bilanz einen Gewinn, so wird der entsprechende Anteil für das Geschäftsguthaben durch die Generalversammlung (§ 43) festgesetzt und das Geschäftsguthaben wird hienach binnen spätestens sechs Monaten nach dem Ausscheiden ausbezahlt.

Der Genosse hat aber nur Anspruch auf seinen Geschäftsanteil und die zu demselben erfolgten Zuschreibungen; hierin erschöpft sich sein

Anspruch gegen die Genossenschaft; das ganze übrige Vermögen derselben und insbesondere der Reservefond sind seinem Anspruch entrückt.

Andererseits darf die Befugnis des freien Austritts nicht durch Auferlegung über das Gesetz hinausgehender Verpflichtungen erschwert werden. Der Genosse kann daher für den Fall des Ausscheidens nicht zu Beiträgen behufs Bildung eines Amortisationsfonds verpflichtet werden, der zur Deckung eines bei einer künftigen Liquidation etwa zu erwartenden Ausfalls bestimmt ist. R.G. 42, 79.

Ergibt die Bilanz einen Verlust, und reicht das Vermögen einschließlich des Reservefonds und aller Geschäftsguthaben zur Deckung der Schulden nicht aus, so beschließt die Generalversammlung, außer im Falle der Konkurseröffnung, welcher Betrag von den einzelnen Genossen zur Deckung des Fehlbetrages notwendig ist; diesen Anteil muß auch der in dem betreffenden Geschäftsjahr Ausgeschiedene an die Genossenschaft einzahlen.

Die Bestimmung des Anteils erfolgt mangels anderer statutarischer Festsetzung nach der Kopfzahl der Mitglieder.

Mit der Bezahlung seines Verlustanteils erlöschen die Verpflichtungen des Ausscheidenden gegenüber der Genossenschaft (cf. aber § 75); gegenüber den Genossenschaftsgläubigern bleibt der Ausgeschiedene bei Genossenschaften mit beschränkter und unbeschränkter Haftpflicht 2 Jahre verhaftet (§ 125 und 141), bei Genossenschaften mit unbeschränkter Nachschußpflicht wird die Wirksamkeit des Ausscheidens auf 18 Monate hinausgerückt (§ 128).

§ 74.

Die Klage des ausgeschiedenen Genossen auf Auszahlung des Geschäftsguthabens verjährt in zwei Jahren.

§ 75.

Wird die Genossenschaft binnen sechs Monaten nach dem Ausscheiden des Genossen aufgelöst, so gilt dasselbe als nicht erfolgt.

Die Bestimmung des § 75 wurde als Correktiv für das freie Austrittsrecht der Genossen für notwendig erachtet; die Vorschrift ist nicht unbillig, denn es darf füglich verhindert werden, daß die Mitglieder einer Genossenschaft dieselbe nicht in dem Augenblicke im Stiche lassen, in welchem der Zusammenbruch in naher Aussicht steht.

Das Ausscheiden erfolgt daher immer unter der Resolutivbedingung, daß die Genossenschaft nicht binnen sechs Monaten nach demselben aufgelöst wird (Motive S. 149).

Es treten alle Verpflichtungen gegenüber der Genossenschaft wieder in Kraft, insbesondere sind die auf Grund der Auseinandersetzung bezahlten Beträge zurückzugewähren.

Die Vorschrift findet mit Ausnahme des § 76 Anwendung, wenn das Ausscheiden durch Kündigung, Wegzug, Ausschluß oder Tod erfolgt ist; im letzteren Falle tritt der Erbe ein.

Der Ausgeschiedene wird von selbst wieder als Mitglied behandelt, ohne daß es einer neuerlichen Beitrittserklärung und Anmeldung bedürfte.

§ 76.

Ein Genosse kann zu jeder Zeit, auch im Laufe des Geschäftsjahres, sein Geschäftsguthaben mittels schriftlicher Übereinkunft einem Anderen übertragen und hierdurch aus der Genossenschaft ohne Auseinandersetzung mit ihr austreten, sofern der Erwerber an seiner Stelle Genosse wird oder sofern derselbe schon Genosse ist und dessen bisheriges Guthaben mit dem ihm zuzuschreibenden Betrage den Geschäftsanteil nicht übersteigt. Das Statut kann eine solche Übertragung ausschließen oder an weitere Voraussetzungen knüpfen.

Der Vorstand hat die Übereinkunft dem Gerichte (§ 10) ohne Verzug einzureichen und, falls der Erwerber schon Genosse ist, zugleich die schriftliche Versicherung abzugeben, daß dessen bisheriges Guthaben mit dem zuzuschreibenden Betrage den Geschäftsanteil nicht übersteigt.

Die Übertragung ist in die Liste bei dem veräußernden Genossen unverzüglich einzutragen. Als Zeitpunkt des Ausscheidens gilt der Tag der Eintragung. Dieselbe darf, falls der Erwerber noch nicht Genosse ist, nur zugleich mit der Eintragung des letzteren erfolgen. Die Vorschriften der §§ 15, 71 und 72 finden entsprechende Anwendung.

Wird die Genossenschaft binnen sechs Monaten nach dem Ausscheiden des Genossen aufgelöst, so hat dieser im Falle der Eröffnung des Konkursverfahrens die Nachschüsse, zu deren Zahlung er verpflichtet gewesen sein würde, insoweit zu leisten, als zu derselben der Erwerber unvermögend ist.

„Es läßt sich nicht verkennen, daß das unbedingte Verbot des Austritts vor dem Ende des Geschäftsjahres und das Erfordernis einer mindestens dreimonatigen Kündigung in Verbindung mit einer Frist von sechs Monaten für die Auszahlung des Geschäftsguthabens die Verfügung über das letztere für die Genossen stark beschränkt; eine Erleichterung in dieser Richtung unter Aufstellung der nötigen Kautelen ist durch die Zulassung des Ausscheidens mittels Veräußerung des Geschäftsguthabens ohne weitere Auseinandersetzung mit der Genossenschaft möglich." (Motive S. 151.)

Voraussetzung der Übertragung und Veräußerung ist, daß der Erwerber an Stelle des Veräußerers Genosse wird und die Genossenschaft denselben als Mitglied zuläßt.

Ist der Erwerber bereits Genosse, so darf dessen bisheriges Guthaben mit dem ihm zuzuschreibenden Betrage den Geschäftsanteil nicht übersteigen; für Genossenschaften mit beschränkter Haftpflicht vergl. § 138. Das Statut kann die Übertragung verbieten oder weitere Voraussetzungen aufstellen.

Zur Übertragung des Geschäftsguthabens bedarf es keiner Austrittserklärung.

Mit dem Tage der Eintragung erfolgt das Ausscheiden aus der Genossenschaft; ist der Erwerber noch nicht Mitglied, so ist dessen Beitrittserklärung am gleichen Tage einzutragen.

Die Vorschriften über die Beitrittserklärung, Vormerkung der Eintragung und Benachrichtigung finden entsprechende Anwendung (vergl. § 31 Ziff. 5 Ausf.V. vom 1. Juli 1899).

Prinzipiell muß auf den Ausgeschiedenen die Vorschrift des § 75 zur Anwendung kommen; allein „wäre das Ausscheiden des Veräußerers als nicht erfolgt anzusehen, so müßte auch der Beitritt des Erwerbers und das zwischen beiden geschlossene Veräußerungsgeschäft aufgelöst werden".

Aus Gründen der Billigkeit wie im Interesse der Genossenschaft ist daher, im Falle die Genossenschaft binnen sechs Monaten nach dem Ausscheiden aufgelöst und das Konkursverfahren eröffnet wird, primär der Erwerber des Geschäftsguthabens zur Leistung der erforderlichen Nachschüsse verpflichtet; der Veräußerer haftet nur subsidiär, soweit der Erwerber unvermögend ist, und nur für die Beträge, zu deren Zahlung er verpflichtet gewesen sein würde.

Diese subsidiäre Haftung soll verhindern, daß vermögende Genossen durch Vorschieben unvermögender Mitglieder sich ihren Verpflichtungen entziehen und gleichzeitig die Genossenschaft gefährden.

Über Gewinn- und Verlustverteilung nach Zuschreibung des Geschäftsguthabens gemäß § 19 s. P.Cr. S. 296.

„Nach der übereinstimmenden Meinung der Reichstagskommission und des Regierungsvertreters ist die Zuschreibung des Guthabens eines Genossen im Laufe des Geschäftsjahres bei der Gewinnverteilung mit zu berücksichtigen, weil die Zuschreibung nicht einer im Laufe des Geschäftsjahres geleisteten Einzahlung gleichgestellt werden könne und das Geschäftsguthaben in seinen beiden Bestandteilen schon am Schlusse des Vorjahres bestanden habe; nur müßten dabei selbstverständlich die von dem ausgeschiedenen Genossen noch im Jahre des Ausscheidens geleisteten wie die von dem Erwerber selbst gemachten Zahlungen in Abzug kommen."

§ 76 behandelt ausschließlich die Verfügung über das Geschäftsguthaben durch Übertragung und *Ausscheiden* aus der Genossenschaft.

Der Genosse kann aber auch anderweitig über sein Geschäftsguthaben als einer ihm zustehenden Forderung verfügen, ohne aus der Genossenschaft auszuscheiden; er kann seine Forderung aus dem Geschäftsguthaben cedieren an Dritte, nicht aber an die Genossenschaft (§ 22) (cf. §§ 398 ff. B.G.B.), er kann dieselbe verpfänden (cf. § 1280 ff. B.G.B. und insbesondere § 1283).

Die Realisierung des Forderungsrechts des neuen bezw. Pfandgläubigers hängt aber von der Auflösung des Mitgliedsverhältnisses seitens des Genossen ab; denn eine Auseinandersetzung über das Geschäftsguthaben findet nur im Falle des Ausscheidens statt.

Eine Verpfändung der Geschäftsguthabensforderung z. B. kann daher für das Mitglied einer Kreditgenossenschaft zum zweischneidigen Schwerte werden.

Denn verlangt der Pfandgläubiger sein Guthaben, so bleibt dem Genossen nichts übrig, als seine Mitgliedschaft zu kündigen; da aber nach § 8 Abs. 2 nur Mitglieder Darlehen erhalten können, kann und muß unter Umständen die Genossenschaft bezw. der Vorstand genötigt sein, ein gewährtes Darlehen zur Heimzahlung zu kündigen. Vergl. ferner § 138.

§ 77.

Im Falle des Todes eines Genossen gilt dieser mit dem Schlusse des Geschäftsjahres, in welchem der Tod erfolgt ist, als ausgeschieden. Bis zu diesem Zeitpunkte wird die Mitgliedschaft des Verstorbenen durch den Erben desselben fortgesetzt. Für mehrere Erben kann das Stimmrecht durch einen Bevollmächtigten ausgeübt werden.

Der Vorstand hat eine Anzeige von dem Tode des Genossen ohne Verzug dem Gerichte (§ 10) zur Liste der Genossen einzureichen.

Die Vorschriften in § 70 Absatz 1, §§ 71 bis 75 finden entsprechende Anwendung.

Die Mitgliedschaft ist unvererblich; will der Erbe des Verstorbenen daher nach dem Schlusse des Todes- und Geschäftsjahres Mitglied werden, so hat er für sich eine Beitrittserklärung abzugeben; zulässig ist, daß der Erbe noch während des Geschäftsjahres, in welchem sein Erblasser gestorben ist, die Mitgliedschaft für sich erwirbt; er vereinigt in sich dann eine doppelte Mitgliedschaft und hat doppeltes Stimmrecht. Eine Übertragung des Geschäftsguthabens durch Testament mit der Wirkung des § 76 ist unzulässig (vergl. P.Cr. S. 294).

Es ist nicht zu vermeiden, daß die geforderte Anzeige von dem Tode des Genossen oft spät, auch nach Ablauf des Jahres, in welchem der Genosse gestorben ist, vom Vorstande erstattet werden kann.

Die Anzeige muß aber stets ohne Verzug nach Kenntnis des Todesfalls eingereicht werden; „auch bei verspäteter Einreichung der Todesanzeige ist der letzte Tag desjenigen Geschäftsjahres oder Quartals, in welchem der Todesfall eingetreten ist, als Zeitpunkt des Todestages einzutragen“ (§ 34 Abs. 3 Ausf.V. vom 1. Juli 1899).

Sechster Abschnitt.

Auflösung und Nichtigkeit der Genossenschaft.

Der sechste Abschnitt führte bisher die Überschrift „Auflösung und Liquidation"; die nunmehrige Fassung erhielt derselbe durch Art. 10 Ziff. XI des Einf.Ges. z. H.G.B., nachdem durch Art. 10 Ziff. XI Abs. 2 l. c. die Grundsätze des Handelsgesetzbuches hinsichtlich der Nichtigkeitserklärung einer Aktiengesellschaft und hinsichtlich der Heilung wesentlicher Mängel des Statuts auf die Genossenschaften übertragen wurden (Motive z. H.G.B. S. 313).

§ 78.

Die Genossenschaft kann durch Beschluß der Generalversammlung jederzeit aufgelöst werden; der Beschluß bedarf einer Mehrheit von drei Vierteilen der erschienenen Genossen. Das Statut kann außer dieser Mehrheit noch andere Erfordernisse aufstellen.

Die Auflösung ist durch den Vorstand ohne Verzug zur Eintragung in das Genossenschaftsregister anzumelden.

§ 78 regelt die freiwillige Auflösung einer Genossenschaft und erfordert hiefür Beschluß der Generalversammlung mit $^{3}/_{4}$ Stimmenmehrheit, sofern nicht das Statut noch andere Erfordernisse aufstellt.

Der Beschluß ist im Protokollbuche niederzulegen (§ 47), vom Vorstande ohne Verzug zur Eintragung in das Genossenschaftsregister anzumelden und gemäß § 82 Abs. 3 dreimal zu veröffentlichen, die Eintragung gemäß § 156 bekannt zu machen; vergl. § 20 Ausf.V. vom 1. Juli 1899.

Durch den Auflösungs-Beschluß hört nicht die eingetragene Genossenschaft als solche zu existieren auf; sie setzt ihre Rechtspersönlichkeit fort mit dem veränderten Zwecke, ihre Rechte und Verbindlichkeiten definitiv abzuwickeln; so auch P.Cr. S. 315, a. A. M.B. S. 310 ff.

§ 79.

In dem Falle, daß durch das Statut die Zeitdauer der Genossenschaft beschränkt ist, tritt die Auflösung derselben durch Ablauf der bestimmten Zeit ein.

Die Vorschrift im § 78 Absatz 2 findet Anwendung.

Zur Auflösung durch Zeitablauf bedarf es keines besonderen Beschlusses; sie erfolgt ipso iure.

Will eine Genossenschaft, deren Zeitdauer auf eine bestimmte Zeit beschränkt ist, vor Ablauf derselben zur Auflösung schreiten, so bedarf es erst einer vorherigen oder gleichzeitigen Statutenänderung (M.B. S. 313, P.Cr. 303).

§ 80.

Beträgt die Zahl der Genossen weniger als sieben, so hat das Gericht (§ 10) auf Antrag des Vorstandes und, wenn der Antrag nicht binnen sechs Monaten erfolgt, von Amtswegen nach Anhörung des Vorstandes die Auflösung der Genossenschaft auszusprechen.

Der Beschluß ist der Genossenschaft zuzustellen. Gegen denselben steht ihr die sofortige Beschwerde nach Maßgabe der Civilprozeßordnung zu. Die Auflösung tritt mit der Rechtskraft des Beschlusses in Wirksamkeit.

Vergl. § 4; die Auflösung kann auch durch Beschluß der Generalversammlung erfolgen (so mit Pröbst P.Cr. S. 305, M.B. S. 315).

Sofortige Beschwerde § 577 C.P.O.

§ 81.

Wenn eine Genossenschaft sich gesetzwidriger Handlungen oder Unterlassungen schuldig macht, durch welche das Gemeinwohl gefährdet wird, oder wenn sie andere als die in diesem Gesetze (§ 1) bezeichneten geschäftlichen Zwecke verfolgt, so kann sie aufgelöst werden, ohne daß deshalb ein Anspruch auf Entschädigung stattfindet.

Das Verfahren und die Zuständigkeit der Behörden richtet sich nach den für streitige Verwaltungssachen landesgesetzlich geltenden Vorschriften. Wo ein Verwaltungsstreitverfahren nicht besteht, finden die Vorschriften in §§ 20, 21 der Gewerbeordnung mit der Maßgabe Anwendung, daß die Entscheidung in erster Instanz durch die höhere Verwaltungsbehörde erfolgt, in deren Bezirke die Genossenschaft ihren Sitz hat.

Von der Auflösung hat die in erster Instanz entscheidende Behörde dem Gerichte (§ 10) Mitteilung zu machen.

Die Auflösung in den Fällen des § 81 erfolgt grundsätzlich nach den für streitige Verwaltungssachen landesgesetzlich geltenden Vorschriften.

Für Bayern ist maßgebend das Gesetz vom 28. November 1889, die Ausführung des R.G. vom 1. Mai 1889 über die Erwerbs- und Wirtschaftsgenossenschaften (Bambergensis Bd. 26 S. 1054).

Dasselbe besagt in seinem einzigen Artikel:

„Die Auflösung einer Genossenschaft nach § 79 (jetzt § 81) des Genossenschaftsgesetzes erfolgt durch Beschluß der Distrikts-Polizeibehörde, in München der k. Polizeidirektion.

Gegen den Beschluß findet binnen 14tägiger Frist Beschwerde an die k. Regierung, Kammer des Innern, statt. Gegen die Entscheidung der Kreisregierung ist Beschwerde zulässig.

Auf die vorbezeichneten Beschwerden an den Verwaltungsgerichtshof findet der Art. 45 Absatz 2 u. 3 des Gesetzes vom 8. August 1878, betr. die Errichtung eines Verwaltungsgerichtshofs und das Verfahren in Verwaltungsrechtssachen Anwendung." Vergl. § 148 Abs. 1 Ges. über fr. Ger.

§ 82.

Die Auflösung der Genossenschaft ist von dem Gerichte ohne Verzug in das Genossenschaftsregister einzutragen.

Sie muß von den Liquidatoren zu drei verschiedenen Malen durch die für die Bekanntmachungen der Genossenschaft bestimmten Blätter bekannt gemacht werden. Durch die Bekanntmachung sind zugleich die Gläubiger aufzufordern, sich bei der Genossenschaft zu melden.

Vergl. hieher § 19 Abs. 4 und § 20 Ausf.V. v. 1. Juli 1899. Art. 10 Ziff. VII Einf.Ges. z. H.G.B:

Im § 80 Abs. 2 Satz 1 werden die Worte „Vom Vorstande" ersetzt durch die Worte „von den Liquidatoren".

Die Eintragung der Auflösung ist vom Gerichte gemäß § 156 des Gesetzes zu veröffentlichen.

§ 83.

Die Liquidation erfolgt durch den Vorstand, wenn nicht dieselbe durch das Statut oder durch Beschluß der Generalversammlung anderen Personen übertragen wird.

Es sind wenigstens zwei Liquidatoren zu bestellen.

Auf Antrag des Aufsichtsrats oder mindestens des zehnten Teils der Genossen kann die Ernennung von Liquidatoren durch das Gericht (§ 10) erfolgen.

Die Abberufung der Liquidatoren kann durch das Gericht unter denselben Voraussetzungen wie die Bestellung erfolgen. Liquidatoren, welche nicht vom Gerichte ernannt sind, können auch durch die Generalversammlung vor Ablauf des Zeitraums, für welchen sie bestellt sind, abberufen werden.

Die Bestellung der Liquidatoren kann bereits durch Statut bestimmt sein; andernfalls und wenn auch die Generalversammlung andere Personen nicht aufstellt, ist der Vorstand zur Liquidation berufen, der ja ohnehin aus wenigstens zwei Mitgliedern bestehen muß.

Der Aufsichtsrat oder mindestens $^1/_{10}$ der Genossen kann die Ernennung von Liquidatoren durch das Gericht beantragen.

Ist der Vorstand zur Liquidation berufen, so bemißt sich dessen nunmehrige Stellung nach § 88.

Vergl. § 20 Abs. 2 Ausf.V. v. 1. Juli 1899.

§ 84.

Die ersten Liquidatoren sind durch den Vorstand, jede Änderung in den Personen der Liquidatoren, sowie eine Beendigung ihrer Vertretungsbefugnis ist durch die Liquidatoren zur Eintragung in das Genossenschaftsregister anzumelden. Eine Abschrift der Urkunden über die Bestellung der Liquidatoren oder über die Änderung in den Personen derselben ist der Anmeldung beizufügen und wird bei dem Gericht aufbewahrt.

Die Eintragung der gerichtlichen Ernennung oder Abberufung von Liquidatoren geschieht von Amtswegen.

Die Liquidatoren haben ihre Unterschrift persönlich vor dem Gerichte zu zeichnen oder die Zeichnung in beglaubigter Form einzureichen.

Änderung durch Art. 10 Ziff. VIII Einf.Ges. z. H.G.B. Bisherige Fassung:

§ 82. „Die Bestellung der ersten Liquidatoren ist durch den Vorstand, jede Änderung der Liquidatoren oder Beendigung ihrer Vollmacht ist durch diese zur Eintragung in das Genossenschaftsregister ohne Verzug anzumelden.

Zugleich haben die Liquidatoren ihre Unterschrift persönlich vor dem Gerichte zu zeichnen oder die Zeichnung in beglaubigter Form einzureichen.

Eine Abschrift der Urkunden über ihre Bestellung ist der Anmeldung beizufügen und wird bei dem Gericht aufbewahrt."

Die veränderte Fassung dieses § bringt zum Ausdruck, daß die Eintragung der gerichtlichen Ernennung oder Abberufung eines Liquidators von Amtswegen zu geschehen hat (cf. §§ 148, 296 H.G.B.).

Die Anmeldung der Liquidatoren, soferne andere Personen als der Vorstand hiezu bestimmt sind, bildet die letzte Amtsthätigkeit des Vorstands.

Ist der Vorstand als Liquidationsorgan bestimmt, so haben dessen Mitglieder sich als Liquidatoren anzumelden; auch diese haben ihre Unterschrift neuerdings zu zeichnen (so auch M.B. S. 320, a. A. P.Cr. S. 318).

§ 85.

Die Liquidatoren haben in der bei ihrer Bestellung bestimmten Form ihre Willenserklärungen kundzugeben und für die Genossenschaft zu zeichnen. Ist nichts darüber bestimmt, so muß die Erklärung und Zeichnung durch sämtliche Liquidatoren erfolgen. Weniger als zwei dürfen hierfür nicht bestimmt werden.

Die Bestimmung ist mit der Bestellung der Liquidatoren zur Eintragung in das Genossenschaftsregister anzumelden.

Die Zeichnungen geschehen derartig, daß die Liquidatoren der bisherigen, nunmehr als Liquidationsfirma zu bezeichnenden Firma ihre Namensunterschrift beifügen.

Die Firma erhält den Zusatz „in Liquidation“.

§ 86.

Die Vorschriften im § 29 über das Verhältnis zu dritten Personen finden bezüglich der Liquidatoren Anwendung.

§ 87.

Bis zur Beendigung der Liquidation kommen ungeachtet der Auflösung der Genossenschaft in Bezug auf die Rechtsverhältnisse derselben und der Genossen die Vorschriften des zweiten und dritten Abschnitts dieses Gesetzes zur Anwendung, soweit sich aus den Bestimmungen des gegenwärtigen Abschnitts und aus dem Wesen der Liquidation nicht ein anderes ergibt.

Der Gerichtsstand, welchen die Genossenschaft zur Zeit ihrer Auflösung hatte, bleibt bis zur vollzogenen Verteilung des Vermögens bestehen.

Nicht zur Anwendung kommen die §§ 20, 21, 22, 30 Abs. 2, 49; es sind ersetzt § 19 durch § 91, § 24 durch §§ 83, 88, 89, § 25 durch § 85, § 28 durch § 84, §§ 33 und 34 durch § 89 (so P.Cr. S. 320).

§ 88.

Die Liquidatoren haben die laufenden Geschäfte zu beendigen, die Verpflichtungen der aufgelösten Genossenschaft zu erfüllen, die Forderungen derselben einzuziehen und das Vermögen der Genossenschaft in Geld umzusetzen; sie haben die Genossenschaft gerichtlich und außergerichtlich zu vertreten. Zur Beendigung schwebender Geschäfte können die Liquidatoren auch neue Geschäfte eingehen.

§ 88 setzt den Kreis der Geschäfte für die Liquidatoren fest; sie sind nunmehr die gesetzlichen Vertreter der Genossenschaft.

Neue Geschäfte einzugehen sind dieselben nicht befugt; nur soweit dies zur Beendigung schwebender Angelegenheiten notwendig ist, spricht ihnen das Gesetz diese Befugnis zu.

§ 89.

Die Liquidatoren haben die aus den §§ 26, 27, § 33 Absatz 1, § 34, §§ 44 bis 47, § 48 Absatz 2, § 51 sich ergebenden Rechte und Pflichten des Vorstandes und unterliegen gleich diesem der Überwachung des Aufsichtsrats. Sie haben sofort bei Beginn der Liquidation und demnächst in jedem Jahre eine Bilanz aufzustellen. Die erste Bilanz ist zu veröffentlichen; die Bekanntmachung ist zu dem Genossenschaftsregister einzureichen.

Der § enthielt noch einen 2. Absatz:

„Die Veräußerung unbeweglicher Sachen kann von den Liquidatoren, sofern nicht das Statut oder ein Beschluß der Generalversammlung anders bestimmt, nur durch öffentliche Versteigerung bewirkt werden."

Durch das Einf.Ges. z. H.G.B. Art. 10 Ziff. IX ist diese Bestimmung in Wegfall gekommen, da auch das H.G.B. diese Einschränkung nicht mehr enthält; außerdem sind in dem nunmehr einzigen Absatz des Artikels die Rechte aus § 51 auch auf die Liquidatoren ausgedehnt.

Die Liquidatoren unterstehen der Aufsicht des Aufsichtsrates gemäß § 38; sie haben sofort eine Eröffnungsbilanz und demnächst nach Ablauf eines jeden Kalenderjahres (nicht Geschäftsjahres) eine Bilanz aufzustellen.

§ 90.

Eine Verteilung des Vermögens unter die Genossen darf nicht vor Tilgung oder Deckung der Schulden und nicht vor Ablauf eines Jahres seit dem Tage vollzogen werden, an welchem die Aufforderung der Gläubiger in den hierzu bestimmten Blättern (§ 82 Absatz 2) zum dritten Male erfolgt ist.

Meldet sich ein bekannter Gläubiger nicht, so ist der geschuldete Betrag, wenn die Berechtigung zur Hinterlegung vorhanden ist, für den Gläubiger zu hinterlegen. Ist die Berichtigung einer Verbindlichkeit zur Zeit nicht ausführbar oder ist eine Verbindlichkeit streitig, so darf die Verteilung des Vermögens nur erfolgen, wenn dem Gläubiger Sicherheit geleistet ist.

Liquidatoren, welche diesen Vorschriften zuwiderhandeln, sind außer der Genossenschaft den Gläubigern zum Ersatze des ihnen daraus erwachsenen Schadens persönlich und solidarisch verpflichtet. Die gleiche Verpflichtung trifft die Mitglieder des Aufsichtsrats, wenn die Zuwiderhandlung mit ihrem Wissen und ohne ihr Einschreiten geschieht. Die Verpflichtung wird den Gläubigern gegenüber dadurch nicht aufgehoben, daß die Zuwiderhandlung auf einem Beschlusse der Generalversammlung beruht.

Abs. 2 ist abgeändert durch Art. 10 Ziff. X und lautete bisher:

Nicht erhobene Schuldbeträge, sowie die Beträge für betagte oder streitige Forderungen sind zurückzubehalten. Dasselbe gilt von schwebenden Verbindlichkeiten.

Die Abänderung bezweckt die Übereinstimmung mit § 52 B.G.B.

§ 91.

Die Verteilung des Vermögens unter die einzelnen Genossen erfolgt bis zum Gesamtbetrage ihrer auf Grund der ersten Liquidationsbilanz (§ 89) ermittelten Geschäftsguthaben nach dem Verhältnis der letzteren. Bei Ermittelung der einzelnen Geschäftsguthaben bleiben für die Verteilung des Gewinnes oder Verlustes, welcher sich für den Zeitraum zwischen der letzten Jahresbilanz (§ 33) und der ersten Liquidationsbilanz ergeben hat, die seit der letzten Jahresbilanz geleisteten Einzahlungen außer Betracht. Der Gewinn aus diesem Zeitraum ist dem Guthaben auch insoweit zuzuschreiben, als dadurch der Geschäftsanteil überschritten wird.

Überschüsse, welche sich über den Gesamtbetrag dieser Guthaben hinaus ergeben, sind nach Köpfen zu verteilen.

Durch das Statut kann die Verteilung des Vermögens ausgeschlossen oder ein anderes Verhältnis für die Verteilung bestimmt werden.

Der 3. Absatz wurde abgeändert durch Art. 1 Ziff. 4 des Ges. vom 12. August 1896, indem er die Bestimmung der Ausschließung der Vermögensverteilung durch Statut zuließ.

Der Maßstab der Verteilung der nach § 91 übrigbleibenden Masse unter die Genossen bleibt prinzipiell der Bestimmung des Statuts vorbehalten, welche eine Verteilung auch ausschließen kann.

Ist eine statutarische Regelung nicht vorgesehen, so greifen die Grundsätze des § 91 Platz.

§ 92.

Ein bei der Auflösung der Genossenschaft verbleibendes unverteilbares Reinvermögen (§ 91 Absatz 3) fällt, soferne dasselbe nicht durch das Statut einer physischen oder juristischen Person zu einem bestimmten Verwendungszweck überwiesen ist, an diejenige Gemeinde, in der die Genossenschaft ihren Sitz hatte. Die Zinsen dieses Fonds sind zu gemeinnützigen Zwecken zu verwenden.

Neu durch Art. 1 Ziff. 5 des Gesetzes vom 12. August 1896; vergl. § 20.

§ 93.

Nach Beendigung der Liquidation sind die Bücher und Schriften der aufgelösten Genossenschaft für die Dauer von zehn Jahren einem der gewesenen Genossen oder einem Dritten in Verwahrung zu geben. Der Genosse oder der Dritte wird in Ermangelung einer Bestimmung des Statuts oder eines Beschlusses der Generalversammlung durch das Gericht (§ 10) bestimmt. Dasselbe kann die Genossen und deren Rechtsnachfolger, sowie die Gläubiger der Genossenschaft zur Einsicht der Bücher und Schriften ermächtigen.

Die Liquidation ist beendet mit der vollständigen Verteilung des Vermögens; damit erlischt zugleich die Vertretungsbefugnis der Liquidatoren; die Beendigung derselben ist zum Genossenschaftsregister anzumelden; vergl. § 21 Abs. 1 Ausf.V. v. 1. Juli 1899 und § 148 Abs. 1 Ges. über fr. Ger.

§ 94.

Enthält das Statut nicht die für dasselbe wesentlichen Bestimmungen oder ist eine dieser Bestimmungen nichtig, so kann jeder Genosse und jedes Mitglied des Vorstandes und des Aufsichtsrats im Wege der Klage beantragen, daß die Genossenschaft für nichtig erklärt werde.

Vergl. zunächst die Einleitung zum sechsten Abschnitt.

Die §§ 94 mit 97 sind neu durch Art. 10 Ziff. XI Abs. 2 des Einf.Ges. z. HGB.; durch dieselben sind die nach § 309—311 H.G.B. geltenden Bestimmungen auf die Genossenschaften übertragen.

„Daß eine Aktiengesellschaft trotz der Eintragung in das Handelsregister nicht besteht, wenn im Gesellschaftsvertrag eine der vom Gesetze für wesentlich erklärten Bestimmungen fehlt oder wenn eine solche Bestimmung ungiltig ist, gilt schon jetzt als zweifellos. Andererseits wird in der Wissenschaft und Rechtsprechung überwiegend angenommen, daß sonstige Mängel des Gründungshergangs im allgemeinen nicht genügen, um die Giltigkeit der in das Handelsregister eingetragenen Gesellschaft nachträglich in Frage zu stellen.“

„Auf diesen Standpunkt stellt sich auch der Entwurf: Die Vorschriften desselben beziehen sich nur auf den Fall, daß Mängel in Betreff der *wesentlichen* Bestimmungen des Gesellschaftsvertrages vorliegen“ (Motive z. H.G.B. S. 183).

Das Klagerecht steht nicht der Staatsbehörde zu; die Frage, inwieweit wegen wesentlicher, in keiner Weise zu beseitigenden Mängel des Statuts auch ohne ein die Nichtigkeit aussprechendes Urteil die Löschung der Gesellschaft durch den Registerrichter stattfinden kann, ist in dem Gesetze über die freiwillige Gerichtsbarkeit geregelt" (Motive S. 314).

Dasselbe bestimmt in § 147 Abs. 2, 3 und 4:

„Eine in das Genossenschaftsregister eingetragene Genossenschaft kann gemäß den Vorschriften der §§ 142, 143 als nichtig gelöscht werden, wenn die Voraussetzungen vorliegen, unter denen nach § 90a, 90b, nun § 94, 95 des Gesetzes, betr. die Erwerbs- und Wirtschaftsgenossenschaften, die Nichtigkeitsklage erhoben werden kann.

Ein in das Genossenschaftsregister eingetragener Beschluß der Generalversammlung einer Genossenschaft kann gemäß den Vorschriften der §§ 142, 143 als nichtig gelöscht werden, wenn er durch seinen Inhalt zwingende Vorschriften des Gesetzes verletzt und seine Beseitigung im öffentlichen Interesse erforderlich erscheint.

In den Fällen der Abs 2, 3 soll die nach § 142 Abs. 2 zu bestimmende Frist mindestens drei Monate betragen."

Die §§ 142, 143 bestimmen, wie folgt:

§ 142: „Ist eine Eintragung in das Handelsregister bewirkt, obgleich sie wegen Mangels einer wesentlichen Voraussetzung unzulässig war, so kann das Registergericht sie von Amtswegen löschen. Die Löschung geschieht durch Eintragung eines Vermerks.

Das Gericht hat den Beteiligten von der beabsichtigten Löschung zu benachrichtigen und ihm zugleich eine angemessene Frist zur Geltendmachung eines Widerspruchs zu bestimmen.

Auf das weitere Verfahren finden die Vorschriften des § 141 Abs. 3, 4 Anwendung." (Öffentliche Bekanntmachung bei unbekanntem Aufenthalt der Beteiligten; sofortige Beschwerde gegen die den Widerspruch zurückweisende Verfügung).

§ 143: „Die Löschung einer Eintragung kann gemäß den Vorschriften des § 142 auch von dem Landgerichte verfügt werden, welches dem Registergericht im Instanzenzuge vorgesetzt ist. Die Vorschrift des § 30 Abs. 1 Satz 2 findet Anwendung." (Landgericht, Kammer für Handelssachen zuständig.)

„Gegen die einen Widerspruch zurückweisende Verfügung des Landgerichts findet die sofortige Beschwerde an das Oberlandesgericht mit der Maßgabe statt, daß die Vorschriften des § 28 Abs. 2 und 3 zur entsprechenden Anwendung kommen. Die weitere Beschwerde ist ausgeschlossen."

(§ 28 Abs. 2 und 3 betreffen die Vorlage an das Reichsgericht bei abweichender Rechtsanschauung.)

Durch § 199 Abs. 1 Ges. über fr. Ger. kann die Entscheidung über das Rechtsmittel der weiteren Beschwerde einem der mehreren Oberlandesgerichte eines Bundesstaates oder an Stelle eines solchen Oberlandesgerichts dem obersten Landesgerichte zugewiesen werden.

Bayern hat hievon Gebrauch gemacht und ist nunmehr in Art. 167 Ziff. XII des Ausführungsgesetzes zum B.G.B. in Abänderung des Art. 42 Abs. 3 des bayer. Ausführungsgesetzes zum Gerichtsverfassungsgesetz folgendes bestimmt:

„Dem obersten Landesgerichte wird ferner die Verhandlung und Entscheidung der zur Zuständigkeit der Oberlandesgerichte gehörenden Revisionen und Beschwerden in Strafsachen sowie unbeschadet der Zuständigkeit des Reichsgerichts, die Entscheidung über das Rechtsmittel der weiteren Beschwerde in Grundbuchsachen und anderen Angelegenheiten der freiwilligen Gerichtsbarkeit zugewiesen."

Über das Verfahren bei Löschungen von Amtswegen vergl. §§ 22, 23 Ausf.V. v. 1. Juli 1899.

§ 95.

Als wesentlich im Sinne des § 94 gelten die in den §§ 6, 7 und 131 bezeichneten Bestimmungen des Statuts mit Ausnahme derjenigen über die Beurkundung der Beschlüsse der Generalversammlung und den Vorsitz in dieser, sowie über die Grundsätze für die Aufstellung und Prüfung der Bilanz.

Ein Mangel, der eine hiernach wesentliche Bestimmung des Statuts betrifft, kann durch einen den Vorschriften dieses Gesetzes über Änderungen des Statuts entsprechenden Beschluß der Generalversammlung geheilt werden.

Die Berufung der Generalversammlung erfolgt, wenn sich der Mangel auf die Bestimmungen über die Form der Berufung bezieht, durch Einrückung in diejenigen öffentlichen Blätter, welche für die Bekanntmachung der Eintragungen in das Genossenschaftsregister des Sitzes der Genossenschaft bestimmt sind.

Betrifft bei einer Genossenschaft mit beschränkter Haftpflicht der Mangel die Bestimmungen über die Haftsumme, so darf durch die zur Heilung des Mangels beschlossenen Bestimmungen der Gesamtbetrag der von den einzelnen Genossen übernommenen Haftung nicht vermindert werden.

§ 95 eröffnet den Weg, um, soweit möglich, Mängel des Gesellschaftsvertrags, welche die Nichtigkeit der Gesellschaft zur Folge haben, nachträglich zu heilen.

§ 96.

Das Verfahren über die Klage auf Nichtigkeitserklärung und die Wirkungen des Urteils bestimmen sich nach den Vorschriften des § 51 Absatz 3 bis 5 und des § 52.

Die Unwirksamkeit einer Eintragung kann durch eine übereinstimmende Erklärung des beteiligten Genossen und des Vorstandes in beglaubigter Form anerkannt werden. Vergl. § 36 Ausf.V. vom 1. Juli 1899.

§ 97.

Ist die Nichtigkeit einer Genossenschaft in das Genossenschaftsregister eingetragen, so finden zum Zwecke der Abwickelung ihrer Verhältnisse die für den Fall der Auflösung geltenden Vorschriften entsprechende Anwendung.

Die Wirksamkeit der im Namen der Genossenschaft mit Dritten vorgenommenen Rechtsgeschäfte wird durch die Nichtigkeit nicht berührt.

Soweit die Genossen eine Haftung für die Verbindlichkeiten der Genossenschaft übernommen haben, sind sie verpflichtet, die zur Befriedigung der Gläubiger erforderlichen Beträge nach Maßgabe der Vorschriften des folgenden Abschnitts zu leisten.

„Ist die Genossenschaft durch rechtskräftiges Urteil für nichtig erklärt, so finden zum Zwecke der Abwickelung ihrer Verhältnisse die für den Fall der Auflösung geltenden Vorschriften entsprechende Anwendung. Über das Vermögen der betr. Genossenschaft kann daher auch das Konkursverfahren eröffnet werden, und nach § 97 Abs. 3 sind alsdann die Genossen, soweit sie eine Haftung für die Verbindlichkeiten der Genossenschaft übernommen haben, verpflichtet, die zur Befriedigung der Gläubiger erforderlichen Beträge in Gemäßheit der Vorschriften des 7. Abschnitts des Gen.Ges. zu leisten." (Motive z. H.G.B. S. 314).

Siebenter Abschnitt.

Konkursverfahren und Haftpflicht der Genossen.

§ 98.

Das Konkursverfahren findet im Falle der Zahlungsunfähigkeit, nach Auflösung der Genossenschaft auch im Falle der Überschuldung statt.

Nach Auflösung der Genossenschaft ist die Eröffnung des Verfahrens so lange zulässig, als die Verteilung des Vermögens nicht vollzogen ist.

Bei bestehenden Genossenschaften findet das Konkursverfahren nur im Falle der Zahlungsunfähigkeit statt.

Zahlungsunfähigkeit ist insbesondere anzunehmen, wenn Zahlungseinstellung erfolgt ist (§ 102 K.O.).

Eröffnung des Konkurses bei Genossenschaften mit beschränkter Haftpflicht im Falle der Überschuldung, wenn diese 1/4 des Betrags der Haftsummen aller Genossen übersteigt; s. § 140.

Nach Auflösung der Genossenschaft findet das Konkursverfahren auch im Falle der Überschuldung statt.

Nach Auflösung der Genossenschaft und erfolgter Verteilung des Vermögens ist ein Konkursverfahren nicht mehr zulässig.

§ 99.

Sobald die Zahlungsunfähigkeit der Genossenschaft eintritt, hat der Vorstand die Eröffnung des Konkursverfahrens zu beantragen; dasselbe gilt, wenn bei oder nach Auflösung der Genossenschaft aus der Jahresbilanz oder aus einer im Laufe des Jahres aufgestellten Bilanz Überschuldung sich ergibt.

Die Mitglieder des Vorstandes sind der Genossenschaft zum Ersatz einer nach diesem Zeitpunkte geleisteten Zahlung nach Maßgabe des § 34 verpflichtet.

Die Ansprüche auf Grund der vorstehenden Bestimmungen verjähren in fünf Jahren.

§ 100.

Zu dem Antrage auf Eröffnung des Verfahrens ist außer den Konkursgläubigern jedes Mitglied des Vorstandes berechtigt.

Wird der Antrag nicht von allen Mitgliedern gestellt, so ist derselbe zuzulassen, wenn die ihn begründenden Thatsachen (§ 98) glaubhaft gemacht werden. Das Gericht hat die übrigen Mitglieder nach Maßgabe der Konkursordnung § 105 Absatz 2, 3 zu hören.

Der Eröffnungsantrag kann nicht aus dem Grunde abgewiesen werden, daß eine den Kosten des Verfahrens entsprechende Konkursmasse nicht vorhanden sei.

Zu § 99 Abs. 2: cf. § 148; wegen Glaubhaftmachung vergl. § 294 C.P.O.

§ 101.

Durch die Eröffnung des Konkursverfahrens wird die Genossenschaft aufgelöst.

Die Genossenschaft wird endgiltig aufgelöst, s. P.Cr. S. 338, M.B. S. 356 und die dort Zitierten.

§ 102.

Die Eröffnung des Konkursverfahrens ist unverzüglich in das Genossenschaftsregister einzutragen. Die Eintragung wird nicht bekannt gemacht.

Das Registergericht erhält hievon Kenntnis durch Mitteilung einer beglaubigten Abschrift der Formel des Eröffnungsbeschlusses seitens des Gerichtsschreibers; s. § 112 K.O.; vergl. § 20 Ziff. 2 Ausf.V. v. 1. Juli 1899.

§ 103.

Bei der Eröffnung des Verfahrens ist von dem Gerichte ein Gläubigerausschuß zu bestellen. Die Gläubigerversammlung hat über die Beibehaltung der bestellten oder die Wahl anderer Mitglieder zu beschließen. Im übrigen kommen die Vorschriften im § 87 der Konkursordnung zur Anwendung.

Die Bestellung eines Gläubigerausschusses ist obligatorisch.

§ 104.

Die Generalversammlung ist ohne Verzug zur Beschlußfassung darüber zu berufen (§§ 44 bis 46), ob die bisherigen Mitglieder des Vorstandes und des Aufsichtsrats beizubehalten oder andere zu bestellen sind.

Die Organe der Genossenschaft bleiben während der Dauer des Konkursverfahrens bestehen; cf. § 117 des Gesetzes.

§ 105.

Soweit die Konkursgläubiger wegen ihrer bei der Schlußverteilung (Konkurs-Ordnung § 161) berücksichtigten Forderungen aus dem zur Zeit der Eröffnung des Konkursverfahrens vorhandenen Vermögen der Genossenschaft nicht befriedigt werden, sind die Genossen verpflichtet, Nachschüsse zur Konkursmasse zu leisten.

Die Nachschüsse sind von den Genossen, wenn nicht das Statut ein anderes Beitragsverhältnis festsetzt, nach Köpfen zu leisten.

Beiträge, zu deren Leistung einzelne Genossen unvermögend sind, werden auf die übrigen verteilt.

Zahlungen, welche Genossen über die von ihnen nach den vorstehenden Bestimmungen geschuldeten Beiträge hinaus leisten, sind ihnen, nachdem die Befriedigung der Gläubiger erfolgt ist, aus den Nachschüssen zu erstatten.

Gegen die Nachschüsse kann der Genosse eine Forderung an die Genossenschaft aufrechnen, sofern die Voraussetzungen vorliegen, unter welchen er als Konkursgläubiger Befriedigung wegen der Forderung aus den Nachschüssen zu beanspruchen hat.

Das Gesetz von 1868 hatte ein Umlageverfahren vorgesehen, durch welches die Mitglieder den Gläubigern der Genossenschaft gegenüber verpflichtet waren, den das Vermögen der Genossenschaft übersteigenden Verlustbetrag gemeinschaftlich zu decken; „dasselbe trat aber erst am Ende des Konkurses, wenn der Schlußverteilungsplan feststeht, also fast gleichzeitig mit der Zulassung des direkten Einzelangriffs ein".

Hierin lag der Hauptmangel des Gesetzes von 1868.

Das jetzige Gesetz konstruiert die Nachschußpflicht als eine selbständige Verbindlichkeit der Genossen gegenüber der Genossenschaft, behandelt den Anspruch auf die Nachschüsse als einen Bestandteil des Vermögens der Genossenschaft und macht dadurch das Nachschußverfahren zu einem Teil des Konkursverfahrens.

Der Umfang der Nachschußpflicht bestimmt sich nach dem Ausfall, den die Konkursgläubiger nach Berücksichtigung ihrer Forderungen bei der Schlußverteilung erleiden; nur diese Gläubiger haben Anspruch auf Nachschüsse. Einschränkung dieser Verpflichtung s. § 141.

Aufrechnung gegen die Nachschüsse:

Während auf die Geschäftsanteils-Einzahlungen eine Aufrechnung nicht zulässig ist (§ 22), wurde es für angemessen erachtet, eine dem Genossen gegen die Genossenschaft zustehende Forderung zur Aufrechnung auf seine Nachschußverbindlichkeit zuzulassen.

„Materiell stellt sich hier die Aufrechnung dar als eine Art der Befriedigung aus den Nachschüssen" (Motive S. 175).

Die Aufrechnung ist jedoch nur zulässig, soferne die Voraussetzungen vorliegen, unter welchen der Genosse als Konkursgläubiger Befriedigung wegen der Forderung aus den Nachschüssen zu beanspruchen hat.

Die Forderung muß also angemeldet und im Schlußverzeichnis berücksichtigt und liquid sein.

§ 106.

Der Konkursverwalter hat sofort, nachdem die Bilanz auf der Gerichtsschreiberei niedergelegt ist (Konk.Ordn. § 124), zu berechnen, wieviel zur Deckung des in der Bilanz bezeichneten Fehlbetrages die Genossen vorschußweise beizutragen haben.

In der Berechnung (Vorschußberechnung) sind die sämtlichen Genossen namentlich zu bezeichnen und auf sie die Beiträge zu verteilen. Die Höhe der Beiträge ist jedoch derart zu bemessen, daß durch ein vorauszusehendes Unvermögen einzelner Genossen zur Leistung von Beiträgen ein Ausfall an dem zu deckenden Gesamtbetrage nicht entsteht.

Die Berechnung ist dem Konkursgerichte mit dem Antrage einzureichen, dieselbe für vollstreckbar zu erklären. Wird das Genossenschaftsregister nicht bei dem Konkursgerichte geführt, so ist dem Antrage eine beglaubigte Abschrift des Statuts und der Liste der Genossen beizufügen.

§§ 106 mit 114 regeln das Nachschuß-Verfahren.

Es obliegt nicht, wie nach dem Gesetze von 1868 dem Vorstande, sondern dem Konkursverwalter; es beginnt nicht mehr erst nach Feststellung des Schlußverteilungsplanes, sondern sofort nach Niederlegung der vom Konkursverwalter aufzustellenden Eröffnungsbilanz auf der Gerichtsschreiberei.

Das Verfahren gründet sich auf die Vorschußberechnung, für welche das Prinzip gilt, „daß alle Genossen herangezogen werden und der einzuziehende Gesamtbetrag höher als das bilanzmäßige Defizit bemessen werden soll" (P.Cr. S. 348).

Über Vollstreckbarkeit der Vorschußberechnung s. bei § 109.

§ 107.

Zur Erklärung über die Berechnung bestimmt das Gericht einen Termin, welcher nicht über zwei Wochen hinaus anberaumt werden darf. Derselbe ist öffentlich bekannt zu machen; die in der Berechnung aufgeführten Genossen sind besonders zu laden.

Die Berechnung ist spätestens drei Tage vor dem Termine auf der Gerichtsschreiberei zur Einsicht der Beteiligten niederzulegen. Hierauf ist in der Bekanntmachung und den Ladungen hinzuweisen.

§ 108.

In dem Termine sind Vorstand und Aufsichtsrat der Genossenschaft, sowie der Konkursverwalter und der Gläubigerausschuß und, soweit Einwendungen erhoben werden, die sonst Beteiligten zu hören.

Das Gericht entscheidet über die erhobenen Einwendungen, berichtigt, soweit erforderlich, die Berechnung oder ordnet die Berichtigung an und erklärt die Berechnung für vollstreckbar. Die Entscheidung ist in dem Termine oder in einem sofort anzuberaumenden Termine, welcher nicht über eine Woche hinaus angesetzt werden soll, zu verkünden. Die Berechnung mit der sie für vollstreckbar erklärenden Entscheidung ist zur Einsicht der Beteiligten auf der Gerichtsschreiberei niederzulegen.

Gegen die Entscheidung findet ein Rechtsmittel nicht statt.

Für die Bekanntmachung und besondere Ladung des § 100 gelten die Vorschriften in §§ 76, 77 K.O.

Ist die besondere Ladung einem Genossen nicht zugestellt, so kann er hieraus allein die Anfechtungsklage des § 111 nicht herleiten, da nach § 76 Abs. 3 K.O. die öffentliche Bekanntmachung als Zustellung an alle Beteiligte gilt, auch wenn die K.O. neben ihr eine besondere Ladung vorschreibt. Gegen die Entscheidung über die Vollstreckbarerklärung der Berechnung sind Rechtsmittel ausgeschlossen. Anfechtungen sind auf den Weg der Klage verwiesen (§ 104).

§ 109.

Nachdem die Berechnung für vollstreckbar erklärt ist, hat der Konkursverwalter ohne Verzug die Beiträge von den Genossen einzuziehen.

Die Zwangsvollstreckung gegen einen Genossen findet in Gemäßheit der Civilprozeßordnung auf Grund einer vollstreckbaren Ausfertigung der Entscheidung und eines Auszuges aus der Berechnung statt.

Für die in den Fällen der §§ 731, 767, 768 der Civilprozeßordnung zu erhebenden Klagen ist das Amtsgericht, bei welchem das Konkursverfahren anhängig ist, und, wenn der Streitgegenstand zur Zuständigkeit der Amtsgerichte nicht gehört, das Landgericht ausschließlich zuständig, zu dessen Bezirke der Bezirk des Konkursgerichts gehört.

Die Zwangsvollstreckung gegen einen Genossen erfolgt auf Grund einer mit der Vollstreckungsklausel versehenen Ausfertigung der Entscheidung und eines Auszuges aus der Berechnung; die Ausfertigung erfolgt von dem Gerichtsschreiber des Amtsgerichts, bei welchem das Konkursverfahren anhängig ist (cf. § 724 C.P.O.).

Die Zwangsvollstreckung bezweckt die Einziehung der in der Vorschußberechnung festgesetzten Beiträge von den Genossen; sie obliegt dem Konkursverwalter und ist ohne Verzug zu bewirken.

§ 110.

Die eingezogenen Beträge sind bei der von der Gläubigerversammlung bestimmten Stelle (Konk.Ordn. § 132) zu hinterlegen oder anzulegen.

Die Gläubigerversammlung beschließt über die Stelle, bei welcher, sowie über die Bedingungen, unter welchen die Gelder und Wertpapiere hinterlegt oder angelegt werden müssen.

§ 111.

Jeder Genosse ist befugt, die für vollstreckbar erklärte Berechnung im Wege der Klage anzufechten. Die Klage ist gegen den Konkursverwalter zu richten. Sie findet nur binnen der Notfrist eines Monats seit Verkündung der Entscheidung und nur insoweit statt, als der Kläger den Anfechtungsgrund in dem Termine (§ 107) geltend gemacht hat oder ohne sein Verschulden geltend zu machen außer Stande war.

Das rechtskräftige Urteil wirkt für und gegen alle beitragspflichtigen Genossen.

§ 112.

Die Klage ist ausschließlich bei dem Amtsgerichte zu erheben, welches die Berechnung für vollstreckbar erklärt hat. Die mündliche Verhandlung erfolgt nicht vor Ablauf der bezeichneten Notfrist. Mehrere Anfechtungsprozesse sind zur gleichzeitigen Verhandlung und Entscheidung zu verbinden.

Übersteigt der Streitgegenstand eines Prozesses die sonst für die sachliche Zuständigkeit der Amtsgerichte geltende Summe, so hat das Gericht, sofern eine Partei in einem solchen Prozesse vor der Verhandlung zur Hauptsache darauf anträgt, durch Beschluß die sämtlichen Streitsachen an das Landgericht, in dessen Bezirke es seinen Sitz hat, zu verweisen. Gegen diesen Beschluß findet die sofortige Beschwerde statt. Die Notfrist beginnt mit der Verkündung des Beschlusses.

Ist der Beschluß rechtskräftig, so gelten die Streitsachen als bei dem Landgerichte anhängig. Die im Verfahren vor dem Amtsgerichte erwachsenen Kosten werden als Teil der bei dem Landgerichte erwachsenen Kosten behandelt und gelten als Kosten einer Instanz.

Die Vorschriften der Civilprozeßordnung §§ 769, 770 über die Einstellung der Zwangsvollstreckung und die Aufhebung der Vollstreckungsmaßregeln finden entsprechende Anwendung.

Die Anfechtung der für vollstreckbar erklärten Vorschußberechnung erfolgt, wie bereits bei § 108 hervorgehoben, durch Klage; Beklagter ist der Konkursverwalter.

Die Klage ist eine Feststellungsklage gemäß § 256 C.P.O. (R.G. Bd. 14 S. 90). Das Anfechtungsrecht steht jedem Genossen zu, der in der Berechnung gemäß § 106 namentlich bezeichnet ist, aber nur insoweit, als derselbe den Anfechtungsgrund bereits in dem Termine zur Erklärung über die Berechnung geltend gemacht hat oder ohne sein Verschulden geltend zu machen außer Stande war.

Inwieweit letzteres der Fall, bemißt sich nach richterlichem Ermessen.

Über die Voraussetzungen der Anfechtungsklage überhaupt vgl. R.G. Bd. 40 S. 151 ff.

„Die Feststellung der Berechnung ist stets nur einheitlich möglich und immer führt der Konkursverwalter den Prozeß zugleich im Interesse der nicht auftretenden Genossen“ (Motive S. 182), daher die Vorschrift, daß das rechtskräftige Urteil für und gegen alle beitragspflichtigen Genossen wirkt.

Die primäre Zuständigkeit des Amtsgerichts soll der Vervielfältigung selbständiger Anfechtungsprozesse und der Möglichkeit abweichender gerichtlicher Entscheidungen in denselben vorbeugen; bei der Erheblichkeit der Objekte, um die es sich handeln kann, und da durch die Zuständigkeit der Amtsgerichte die Revision (§§ 545 ff. C.P.O.) wegfallen würde, kann von jedem Genossen die Verweisung des Prozesses vor das Landgericht beantragt werden, sofern nur der Streitgegenstand desselben die sonst für die sachliche Zuständigkeit der Amtsgerichte geltende Summe übersteigt.

Die Verweisung muß durch Beschluß erfolgen (cf. § 506 C.P.O).

„Das Urteil hat sich auf die Entscheidung über die erhobenen Einwendungen zu beschränken und gegebenen Falls den Konkursverwalter zur Rückerstattung des etwa zu viel gezahlten Betrages zu verurteilen; eine erforderlich werdende Berechnung kann nicht durch das Urteil selbst, muß vielmehr nach § 113 im Wege der Zusatzberechnung erfolgen.

Um Härten zu vermeiden, ist dem Konkursgericht die Befugnis zur vorläufigen Einstellung der Zwangsvollstreckung oder Aufhebung von Vollstreckungsmaßregeln eingeräumt (Motive S. 183, 184).

§ 113.

Soweit infolge des Unvermögens einzelner Genossen zur Leistung von Beiträgen der zu deckende Gesamtbetrag nicht erreicht wird, oder in Gemäßheit des auf eine Anfechtungsklage ergehenden Urteils oder aus anderen Gründen die Berechnung abzuändern ist, hat der Konkursverwalter eine Zusatzberechnung aufzustellen. Rücksichtlich derselben kommen die Vorschriften in §§ 106 bis 112 zur Anwendung.

Die Aufstellung einer Zusatzberechnung ist erforderlichenfalls zu wiederholen.

Der Konkursverwalter ist ohne weiteres zur Aufstellung einer Zusatzberechnung veranlaßt:

1. wenn der zu deckende Gesamtbetrag durch Unvermögen einzelner Genossen nicht erreicht wird,
2. wenn ein auf eine Anfechtungsklage ergehendes Urteil die Abänderung der Berechnung notwendig macht.

Inwieweit andere Gründe eine Zusatzberechnung erforderlich machen, hängt von dem Ermessen des Konkursverwalters bezw. des Gläubigerausschusses ab.

§ 114.

Sobald mit dem Vollzuge der Schlußverteilung (Konkursordnung § 161) begonnen wird, hat der Konkursverwalter in Ergänzung oder Berichtigung der Vorschußberechnung und der zu derselben etwa ergangenen Zusätze zu berechnen, wieviel die Genossen in Gemäßheit des § 105 an Nachschüssen zu leisten haben.

Die Berechnung (Nachschußberechnung) unterliegt den Vorschriften in §§ 106 bis 109, 111 bis 113, der Vorschrift im § 106 Absatz 2 mit der Maßgabe, daß auf Genossen, deren Unvermögen zur Leistung von Beiträgen sich herausgestellt hat, Beiträge nicht verteilt werden.

Mit dem Beginn des Vollzugs der Schlußverteilung ist an Stelle des bis dahin den Berechnungen zu Grunde gelegten Voranschlages der zur Deckung des Ausfalles der Gläubiger erforderliche Betrag nach den Grundsätzen des § 105 endgültig zu berechnen. Die Nachschußberechnung ist immer als Ergänzung oder Berichtigung der Vorschußberechnung und ihrer Zusätze in der Form einer Zusatzberechnung zu den früheren Berechnungen aufzustellen; vergl. Motive S. 185 ff.

§ 115.

Der Verwalter hat, nachdem die Nachschußberechnung für vollstreckbar erklärt ist, unverzüglich den gemäß § 110 vorhandenen Bestand und, so oft von den noch einzuziehenden Beiträgen hinreichender Bestand eingegangen ist, diesen im Wege der Nachtragsverteilung (Konkursordnung § 166) unter die Gläubiger zu verteilen.

Außer den Anteilen auf die im § 168 der Konkursordnung bezeichneten Forderungen sind zurückzubehalten die Anteile auf Forderungen, welche im Prüfungstermine von dem Vorstande ausdrücklich bestritten worden sind. Dem Gläubiger bleibt überlassen, den Widerspruch des Vorstandes durch Klage zu beseitigen. Soweit der Widerspruch rechtskräftig für begründet erklärt wird, werden die Anteile zur Verteilung unter die übrigen Gläubiger frei.

Die zur Befriedigung der Gläubiger nicht erforderlichen Überschüsse hat der Konkursverwalter an die Genossen zurückzuzahlen.

Die Gläubiger werden aus den Nachschüssen im Wege der Nachtragsverteilung befriedigt.

Die Grundlage derselben bildet stets das Schlußverzeichnis (cf. P.Cr. S. 358).

Nicht zur Verteilung gelangen und zurückzubehalten sind

a) die Anteile:
   1. auf Forderungen, welche infolge eines bei der Prüfung erhobenen Widerspruches im Prozesse befangen sind,

2. auf Forderungen, welche von einer aufschiebenden Bedingung abhängen,
3. auf Forderungen, für welche eine abgesonderte Befriedigung beansprucht und der Vorschrift des § 153 Abs. 2 genügt ist,
4. auf Forderungen unter auflösender Bedingung, sofern der Gläubiger zu einer Sicherheitsleistung verpflichtet ist und die Sicherheit nicht leistet;

b) die Anteile auf Forderungen, welche im Prüfungstermine von dem Vorstand ausdrücklich bestritten sind.

„Für die Befriedigung aus den Nachschüssen verlangt das Interesse der Genossen die selbständige Mitwirkung eines dieselben vertretenden Organs bei der Prüfung der Forderungen ebenso, wie bei der Feststellung und Aufbringung der Nachschüsse die Gläubiger durch den Konkursverwalter und Gläubigerausschuß vertreten sein sollen; das Organ der Genossen kann natürlich nur der Vorstand oder die Liquidatoren der Genossenschaft sein, welche ohnehin sich über die angemeldeten Forderungen zu erklären haben" (Motive S. 377).

Der Gläubiger kann gegen die Genossenschaft wegen Beseitigung des Widerspruchs klagen.

Das Urteil kann nicht auf „Feststellung" der Forderung ergehen (keine Feststellungsklage des § 256 C.P.O. oder § 144 K.O.); es muß sich darauf beschränken, den Widerspruch für begründet oder nicht begründet zu erklären.

Ersterenfalls gilt die Forderung gegenüber der Nachschußmasse als nicht bestehend, letzterenfalls richtet sich die Auszahlung der Nachschußdividende lediglich nach den Vorschriften der Konkursordnung.

Wegen Rückzahlung der Nachschüsse vergl. P.Cr. S. 359 ff.

§ 116.

Eine Aufhebung des Konkursverfahrens durch Zwangsvergleich findet nicht statt.

Eine Einstellung des Verfahrens ist erst zulässig, nachdem mit dem Vollzuge der Schlußverteilung begonnen ist. Die Zustimmung aller bei der letzteren berücksichtigten Konkursgläubiger ist beizubringen. Inwieweit es der Zustimmung oder der Sicherstellung von Gläubigern bedarf, deren Forderungen nicht festgestellt sind, entscheidet das Konkursgericht nach freiem Ermessen.

Der Zwangsvergleich im Genossenschaftskonkurse müßte sich notwendig auf die Haftpflicht der einzelnen Genossen erstrecken; so würde der majorisierte Teil der Konkursgläubiger gezwungen, auf das in dieser Haftung der Mitglieder gerade für den Fall des Konkurses ihnen zugesicherte Mittel der vollen Befriedigung zu verzichten, was nicht zulässig (Motive S. 189).

Dieselbe Erwägung führte auch zu einer Beschränkung der Einstellung des Verfahrens.

Abs. 2 des § 116 schließt daher auch eine Einstellung wegen nicht genügender Masse aus. — Über Vormerkung der Einstellung des Verfahrens im Genossenschaftsregister s. § 21 Abs. 2 Ausf.V. vom 1. Juli 1899.

§ 117.

Der Vorstand ist verpflichtet, den Konkursverwalter bei den diesem in § 106 Absatz 1, § 109 Absatz 1, §§ 113, 114 zugewiesenen Obliegenheiten zu unterstützen.

§ 118.

Die in diesem Abschnitte hinsichtlich des Vorstandes getroffenen Bestimmungen gelten auch hinsichtlich der Liquidatoren.

Achter Abschnitt.

Besondere Bestimmungen.

I. Für Genossenschaften mit unbeschränkter Haftpflicht.

§ 119.

Bei Genossenschaften mit unbeschränkter Haftpflicht darf ein Genosse nicht auf mehr als einen Geschäftsanteil beteiligt sein.

§ 120.

Die Beitrittserklärungen (§ 15) müssen die ausdrückliche Bemerkung enthalten, daß die einzelnen Genossen für die Verbindlichkeiten der Genossenschaft dieser sowie unmittelbar den Gläubigern derselben nach Maßgabe des Gesetzes mit ihrem ganzen Vermögen haften.

Die Beschränkung des Genossen bei einer Genossenschaft mit unbeschränkter Haftpflicht soll einer allzugroßen Ungleichheit in der Beteiligung und Verhältnissen vorbeugen, die mit dem Zweck und Charakter der Genossenschaften unvereinbar sind (Motive 191 ff.).

Die in § 120 geforderte Bemerkung muß wörtlich in der Beitrittserklärung aufgenommen sein, um den Beitretenden über den Umfang seiner Haftung nicht im Unklaren zu lassen.

§ 114.

Ist durch das Statut die Gewinnverteilung ausgeschlossen (§ 20), so finden während des hierfür bestimmten Zeitraums auf das Ausscheiden der Genossen die Bestimmungen in den §§ 63—75 mit der Maßgabe Anwendung, daß an Stelle des Geschäftsjahres das Quartal tritt, und daß die Aufkündigung (§ 63 Abs. 2) mindestens sechs Wochen, sowie die Einreichung der Urkunden durch den Vorstand (§ 67) mindestens drei Wochen vor dem Quartalsschluß erfolgen muß.

Im Falle des Ausscheidens ist eine Bilanz aufzustellen; die Zahl der mit dem Quartalsschluß ausgeschiedenen Genossen ist zu veröffentlichen. —

Der frühere § 114, welcher auf den früheren § 113, jetzt § 120, folgte, war mit Rücksicht auf die Raiffeisenvereine in das Gesetz aufgenommen.

Durch das Gesetz vom 12. August 1896, Art. 1 Ziff. 6 wurde § 114 aufgehoben, da gar kein Grund vorläge, die Vereine, welche die Dividendenverteilung ausschließen, anders zu behandeln als alle übrigen.

§ 121.

Sobald sich bei der Geschäftsführung ergibt, daß das Vermögen der Genossenschaft einschließlich des Reservefonds und der Geschäftsguthaben zur Deckung der Schulden nicht ausreicht, hat der Vorstand die Generalversammlung zur Beschlußfassung, ob die Genossenschaft aufgelöst werden soll, zu berufen.

Für den Fall, daß die Auflösung beschlossen wird, ist zugleich die im § 104 vorgesehene Beschlußfassung herbeizuführen.

Überschuldung ist für Gen. m. unbeschränkter Haftpflicht kein Grund zur Konkurseröffnung (s. § 91).

Tritt aber Überschuldung ein — der vorliegende § präzisiert dieselbe näher —, so entsteht doch für die Genossenschaft eine so ernste Gefahr, daß eine Entscheidung über den Fortbestand als unumgänglich notwendig erscheint.

Die Entscheidung hierüber obliegt der Generalversammlung.

Der Auflösungsbeschluß muß den Erfordernissen des § 78 entsprechen und führt zur Konkurseröffnung (§ 98).

§ 122.

Im Falle des Konkursverfahrens sind neben der Genossenschaft die einzelnen Genossen solidarisch und mit ihrem ganzen Vermögen den Konkursgläubigern für den Ausfall verhaftet, welchen diese an ihren bei der Schlußverteilung (Konk.Ordn. § 161) berücksichtigten Forderungen bei derselben erleiden.

Nach Ablauf von drei Monaten seit dem Termine, in welchem die Nachschußberechnung für vollstreckbar erklärt ist, können die Gläubiger, soweit sie bisher nicht befriedigt sind, die einzelnen Genossen in Anspruch nehmen.

Festgestellte Forderungen, welche im Prüfungstermine von dem Vorstande oder den Liquidatoren nicht ausdrücklich bestritten sind, können auch von den in Anspruch genommenen Genossen nicht bestritten werden.

Das rechtskräftige Urteil, welches in dem Prozeß über eine im Prüfungstermine von dem Vorstand oder den Liquidatoren bestrittene Forderung für oder gegen dieselben ergeht, wirkt gegenüber allen Genossen.

In Ansehung einer im Konkursverfahren streitig gebliebenen Forderung kann, solange dieselbe nicht festgestellt ist, eine Verurteilung der Genossen nicht erfolgen.

Abs. 2 enthielt den Schlußsatz „ohne daß den letzteren die Einrede der Teilung zusteht"; dieser wurde gestrichen durch Art. 10 Ziff. XII E.G. z. H.G.B., weil nach B.G.B. den Gesamtschuldnern die Einrede der Teilung überhaupt nicht zusteht (§ 421 B.G.B.).

§ 122 regelt den Einzelangriff eines Gläubigers gegen einen Genossen.

Aus irgend welchen Gründen kann das Nachschußverfahren nicht zur Befriedigung der Gläubiger geführt haben, obgleich leistungsfähige Genossen vorhanden sind (Motive S. 60).

Zugelassen sind nur die bei der Schlußverteilung berücksichtigten Gläubiger, soferne sie hiebei einen Ausfall an ihrer Forderung erleiden.

Über den Fall, daß ein Genosse Konkursgläubiger ist s. P.Cr. S. 369 ff.

Der Angriff ist gegen jeden einzelnen Genossen zulässig (wegen ausgeschiedener Genossen vergl. § 125), kann aber auch gegen mehrere gerichtet werden. Der Einzelangriff ist erst zulässig, wenn seit dem Termine, in welchem die Nachschußberechnung für vollstreckbar erklärt ist, drei Monate verstrichen sind und die Gläubiger volle Befriedigung bisher nicht erlangt haben.

Der Klage des Gläubigers gegenüber kann der Genosse natürlich Einwendungen entgegensetzen, welche auf das Nichtbestehen einer Haftpflicht für seine Person sich gründen; eine Bestreitung der Forderung ist nur nach Maßgabe der Bestimmungen in Abs. 3 mit 5 des § 122 zulässig.

§ 123.

Die Klage der Gläubiger gegen die einzelnen Genossen verjährt, soferne nicht nach Beschaffenheit der Forderung eine kürzere Verjährungsfrist gesetzlich eintritt, in zwei Jahren seit Ablauf der im § 122 Absatz 2 bestimmten Frist.

Die Verjährung zu Gunsten eines Genossen wird durch Rechtshandlungen unterbrochen, welche gegen die Genossenschaft oder von derselben vorgenommen werden; sie wird nicht unterbrochen durch Rechtshandlungen, welche gegen einen anderen Genossen oder von demselben vorgenommen werden.

Der bisherige 3. Absatz, lautend: Die Verjährung läuft auch gegen Minderjährige und bevormundete Personen, sowie gegen juristische Personen, denen gesetzlich die Rechte der Minderjährigen zustehen, ohne Zulassung der Wiedereinsetzung in den vorigen Stand, jedoch mit

Vorbehalt des Rückgriffs gegen die Vormünder und Verwalter, ist weggefallen durch Art. 10 Ziff. XIII E.G. z. H.G.B., weil nunmehr die Vorschriften des B.G.B. hiefür Platz greifen.

Die Bestimmungen des Paragraphen beziehen sich nur auf die Verjährung der aus der direkten Haftpflicht der Genossen hervorgehenden Ansprüche; in betreff der Verjährung der Nachschußpflicht muß es bei den allgemeinen Bestimmungen des bürgerlichen Rechts bewenden (Motive S. 197 ff.).

Die Verjährung beginnt mit dem Ablauf von 3 Monaten nach dem Termin, in welchem die Nachschußberechnung für vollstreckbar erklärt ist, gegen die Ausgeschiedenen sechs Monate nachher (cf. § 125).

Durch die Verjährung erlischt das Recht des Gläubigers, seinen Anspruch durch Klage geltend zu machen. Für die Unterbrechung der Verjährung gilt nunmehr § 217 B.G.B:

„Wird die Verjährung unterbrochen, so kommt die bis zur Unterbrechung verstrichene Zeit nicht in Betracht; eine neue Verjährung kann erst nach der Beendigung der Unterbrechung beginnen." —

§ 124.

Soweit Genossen in Gemäßheit des § 122 Konkursgläubiger befriedigen, treten sie in die Rechte der letzteren gegen die Genossenschaft ein.

„Das Recht des Rückgriffes, welches hier dem von einem Gläubiger in Anspruch genommenen Genossen gegenüber der Genossenschaft, und nur gegenüber dieser eingeräumt wird, steht im Einklang mit den Grundsätzen, welche nach den in Deutschland geltenden Rechtssystemen in Bezug auf den Regreß des Bürgen gegen den Hauptschuldner anerkannt sind" (Motive S. 200), ihm entspricht der § 774 B.G.B., wonach, soweit der Bürge den Gläubiger befriedigt, die Forderung des Gläubigers gegen den Hauptschuldner auf ihn übergeht.

§ 125.

Die Bestimmungen der §§ 122 bis 124 finden auf die in den letzten zwei Jahren vor der Eröffnung des Konkursverfahrens aus der Genossenschaft ausgeschiedenen Genossen (§§ 70, 76), welche nicht schon in Gemäßheit des § 75 der Haftpflicht unterliegen, wegen der bis zu dem Zeitpunkte ihres Ausscheidens von der Genossenschaft eingegangenen Verbindlichkeiten mit der Maßgabe Anwendung, daß der Anspruch der Gläubiger erst nach Ablauf von sechs Monaten seit dem Termine, in welchem die Nachschußberechnung (§ 114) für vollstreckbar erklärt ist, erhoben werden kann.

Dieser Anspruch erstreckt sich, wenn im Falle des Todes eines Genossen dessen Ausscheiden nach dem in § 77 Absatz 1 bezeichneten Zeitpunkte eingetragen ist, auf die bis zum Tage der Eintragung von der Genossenschaft eingegangenen

Verbindlichkeiten, sofern nicht der Erbe beweist, daß bei ihrer Eingehung dem Gläubiger der Tod des Genossen bekannt war.

Der vorstehende Paragraph behandelt die Haftpflicht der ausgeschiedenen Genossen gegenüber den Gläubigern der Genossenschaft.

Das Ausscheiden der Genossen erfolgt unter der auflösenden Bedingung, daß nicht 6 Monate nach demselben die Genossenschaft aufgelöst wird (§ 76); andernfalls bleiben die Ausgeschiedenen noch während einer zweijährigen Haftfrist den Gläubigern direkt haftbar, falls während dieser Zeit das Konkursverfahren eröffnet wird (so P.Cr. S. 376).

Die Haftpflicht ist beschränkt auf die bis zu dem Zeitpunkt des Ausscheidens von der Genossenschaft eingegangenen Verbindlichkeiten; sie erstreckt sich auch nicht auf Verbindlichkeiten, welche zur Beendigung schwebender Geschäfte eingegangen sind (R.G. 12. S. 57).

Die Haftung ist ausgedehnt für den Fall des Ausscheidens durch Tod.

Ist das Ausscheiden eines Genossen durch Tod erst nach Ablauf des Geschäftsjahres eingetragen, zu dessen Ende er als ausgeschieden gilt, so erstreckt sich der Einzelangriff der Gläubiger gegen den Erben auf die Verbindlichkeiten, welche bis zum Tage der Eintragung des Todes von der Genossenschaft eingegangen sind.

Der Erbe wird von dem Anspruche frei, wenn er beweist, daß der Tod dem Gläubiger bei Eingehung der Verbindlichkeit bekannt war.

II. Für Genossenschaften mit unbeschränkter Nachschußpflicht.

§ 126.

Die Bestimmungen des § 119 über die Beschränkung der Beteiligung auf einen Geschäftsanteil und des § 121 über die Berufung der Generalversammlung im Falle der Überschuldung finden auf die Genossenschaften mit unbeschränkter Nachschußpflicht Anwendung.

§ 127.

Die Beitrittserklärungen (§ 15) müssen die ausdrückliche Bemerkung enthalten, daß die einzelnen Genossen mit ihrem ganzen Vermögen verpflichtet sind, der Genossenschaft die zur Befriedigung der Gläubiger derselben erforderlichen Nachschüsse nach Maßgabe des Gesetzes zu leisten.

§ 128.

Ist im Falle der Eröffnung des Konkursverfahrens nach Ablauf von drei Monaten seit dem Termine, in welchem die Nachschußberechnung (§ 114) für vollstreckbar erklärt ist, die Befriedigung oder Sicherstellung der im § 105 Absatz 1 bezeichneten Konkursgläubiger noch nicht bewirkt, so sind die hierzu erforderlichen Beiträge von den innerhalb der letzten achtzehn Monate vor der Eröffnung des Konkursverfahrens ausgeschiedenen Genossen, welche nicht schon in Gemäßheit des § 75 oder des § 76 Absatz 4 der Nachschußpflicht unterliegen, nach Maßgabe des § 105 zur Konkursmasse zu leisten.

§ 129.

Der Konkursverwalter hat ohne Verzug eine Berechnung über die Beitragspflicht der Ausgeschiedenen aufzustellen.

In der Berechnung sind dieselben namentlich zu bezeichnen und auf sie die Beiträge zu verteilen, soweit nicht das Unvermögen Einzelner zur Leistung von Beiträgen vorauszusehen ist.

Im Übrigen finden die Vorschriften in § 106 Absatz 3, §§ 107 bis 109, 111 bis 113 und 115 entsprechende Anwendung.

§ 130.

Durch die Bestimmungen der §§ 128, 129 wird die Einziehung der Nachschüsse von den in der Genossenschaft verbliebenen Genossen nicht berührt.

Aus den Nachschüssen der letzteren sind den Ausgeschiedenen die von diesen geleisteten Beiträge zu erstatten, sobald die Befriedigung oder Sicherstellung der sämtlichen in § 105 Absatz 1 bezeichneten Konkursgläubiger bewirkt ist.

Das wesentliche der Genossenschaft mit unbeschränkter Nachschußpflicht ist, daß der Einzelangriff der Gläubiger gegen die Genossen ausgeschlossen ist; es bestehen zwischen den Genossen und den Gläubigern keinerlei rechtliche Beziehungen.

Die Haftung der Genossen besteht nur gegenüber der Genossenschaft. Die ausgeschiedenen Genossen sind auch bei ihr der Nachschußpflicht unterworfen mit der Maßgabe, daß deren Ausscheiden innerhalb der letzten 18 Monate vor der Konkurseröffnung erfolgt sein muß; die Entstehung der Verbindlichkeiten vor oder nach dem Ausscheiden ist ohne Einfluß auf die Haftung.

Die Gründe für die Beschränkung auf einen Geschäftsanteil sind dieselben wie für die Genossenschaften mit unbeschränkter Haftpflicht (s. § 119).

Die Beitrittserklärung muß den Umfang der Haftpflicht zum Ausdruck bringen (s. § 120).

Für die Haftung der Genossen, welche durch Übertragung des Geschäftsguthabens ausgeschieden sind, gilt die Bestimmung des § 76 Abs. 4. —

III. Für Genossenschaften mit beschränkter Haftpflicht.

§ 131.

Bei Genossenschaften mit beschränkter Haftpflicht darf die Haftsumme der einzelnen Genossen (§ 2) nicht niedriger als der Geschäftsanteil sein.

Die Haftsumme muß bei Errichtung der Genossenschaft durch das Statut bestimmt werden. Die Bestimmung oder eine Abänderung derselben ist zu veröffentlichen (§§ 12, 16).

Bei Genossenschaften mit beschränkter Haftpflicht ist die Mitgliederhaft die gleiche wie bei den Genossenschaften mit unbeschränkter Haftpflicht; dieselbe ist aber durch einen bestimmten, für alle Genossen an sich gleichen Höchstbetrag (Haftsumme) begrenzt, über welche hinaus der Genosse weder von der Genossenschaft auf Leistung von Nachschüssen zur Deckung des Ausfalls der Gläubiger noch von diesen direkt in Anspruch genommen werden kann (Motive S. 56).

Haftsumme und Geschäftsanteil sind getrennte Begriffe; der letztere gehört weder selbst zur Haftsumme, noch verstärkt er dieselbe in dem Sinne, daß die auf die einzelnen Geschäftsanteile noch nicht eingezahlten Beträge den Haftsummen der betreffenden Genossen hinzuzurechnen wären. Soweit Einzahlungen, welche nach dem Statut auf den Geschäftsanteil geleistet werden müssen, bei Eröffnung des Konkursverfahrens gegen die Genossenschaft fällig sind oder im Laufe des Verfahrens fällig werden, bilden sie eine Forderung der Genossenschaft, welche, wie jede andere Forderung derselben, durch den Konkursverwalter einzuziehen ist; darüber hinaus findet eine Haftung mit den auf den Geschäftsanteil noch nicht einbezahlten Beträgen nicht statt (Motive S. 201).

Es steht im freien Belieben der Genossenschaft, die Höhe der Haftsumme zu bestimmen, nur darf dieselbe nicht niedriger sein als der Geschäftsanteil.

§ 132.

Zu einer Erhöhung der Haftsumme bedarf es einer Mehrheit von drei Vierteilen der in der Generalversammlung erschienenen Genossen. Das Statut kann noch andere Erfordernisse aufstellen.

Zur Stärkung des Kredits einer Genossenschaft kann es erforderlich werden, die Haftsumme zu erhöhen; hiefür ist ³/₄ Stimmenmehrheit notwendig, wenn das Statut nicht noch strengere Erfordernisse aufstellt.

Diese Erhöhung bedingt eine Statutenänderung; wegen Anmeldung vergl. § 6 Ausf.V. vom 1. Juli 1899.

§ 133.

Eine Herabsetzung der Haftsumme kann nur unter Beobachtung der Bestimmungen erfolgen, welche für die Verteilung des Genossenschaftsvermögens im Falle der Auflösung maßgebend sind (§ 82 Absatz 2, § 90 Abs. 1 bis 3). Bekannte Gläubiger sind durch besondere Mitteilung zur Anmeldung aufzufordern.

Die Anmeldung des Herabsetzungsbeschlusses zum Genossenschaftsregister erfolgt nicht vor Ablauf des im § 90 Absatz 1 bezeichneten Jahres. Mit der Anmeldung sind die Bekanntmachungen des Beschlusses einzureichen. Zugleich hat der Vorstand die schriftliche Versicherung abzugeben, daß die Gläubiger, welche sich bei der Genossenschaft gemeldet und der Herabsetzung nicht zugestimmt haben, befriedigt oder sichergestellt sind.

Satz 2 des 1. Absatzes ist hinzugefügt durch Art. 10 Ziff. XIV E.G. z. H.G.B. in Anlehnung an § 289 Abs. 2 H.G.B. und § 59 des Gesetzes über die Gesellschaften mit beschränkter Haftung.

Die Herabsetzung der Haftsumme bringt eine Verminderung des Gesellschaftsvermögens mit sich und bedarf deshalb besonderer Kautelen.

Insbesondere bedarf der Beschluß dreimaliger öffentlicher Bekanntmachung mit der Aufforderung an die Gläubiger, sich bei der Genossenschaft zu melden. Für die besondere Mitteilung an bekannte Gläubiger, welche neben der Veröffentlichung des Beschlusses zu erfolgen hat, sind spezielle Formvorschriften nicht gegeben; zweckmäßig wird wohl die Bekanntgabe mittels eingeschriebenen Briefes sein. Die Eintragung in das Genossenschaftsregister darf erst nach Ablauf des Sperrjahres erfolgen; über Anmeldung, welche von sämtlichen Vorstandsmitgliedern persönlich oder in beglaubigter Form einzureichen ist, cf. § 6 Abs. 1 Ziff. 2, über Eintragung § 17 Abs. 2 Ausf.V. vom 1. Juli 1899.

§ 134.

Durch das Statut kann die Beteiligung des Genossen auf mehrere Geschäftsanteile, unter Festsetzung der höchsten Zahl derselben, gestattet werden.

Die Bestimmung oder eine Abänderung derselben ist zu veröffentlichen (§§ 12, 16).

Um eine mäßige, nach der Leistungsfähigkeit der einzelnen Mitglieder sich abstufende Verschiedenheit der Beteiligung mit Kapitaleinlagen und Garantieübernahmen zu ermöglichen, sieht das Gesetz bei den Genossenschaften mit beschränkter Haftpflicht von dem Verbot der mehrfachen Beteiligung ab (Motive S. 205).

Es bleibt dem Statut überlassen, die Zulassung weiterer Geschäftsanteile zu bestimmen; es muß jedoch eine Maximalzahl derselben bestimmt werden.

Daß auch bei Beteiligung mit mehreren Anteilen der Genosse nur eine Stimme hat s. zu § 43.

§ 135.

Die Haftung eines Genossen, welcher auf mehr als einen Geschäftsanteil beteiligt ist, erhöht sich auf das der Zahl der Geschäftsanteile entsprechende Vielfache der Haftsumme.

§ 136.

Bevor der erste Geschäftsanteil erreicht ist, darf die Beteiligung des Genossen auf einen zweiten Geschäftsanteil seitens der Genossenschaft nicht zugelassen werden. Das Gleiche gilt von der Zulassung zu jedem weiteren Geschäftsanteile.

P.Cr. behauptet (S. 387), daß ein neu beitretendes Mitglied außer im Falle des § 76 (Geschäftsguthabensübertragung) nicht sogleich mit mehreren Geschäftsanteilen sich beteiligen kann. Dem ist nicht beizustimmen; wird der erste Geschäftsanteil sofort einbezahlt, so steht nichts im Wege, gleichzeitig einen weiteren Geschäftsanteil oder mehrere zu erwerben, soferne auch diese wieder voll einbezahlt werden.

§ 137.

Ein Genosse, welcher auf einen weiteren Geschäftsanteil beteiligt sein will, hat darüber eine von ihm zu unterzeichnende, unbedingte Erklärung abzugeben.

Die Erklärung ist von dem Vorstande nach der Zulassung des Genossen zu dem weiteren Geschäftsanteile behufs Eintragung des letzteren in die Liste der Genossen dem Gerichte (§ 10) einzureichen. Zugleich hat der Vorstand schriftlich zu versichern, daß die übrigen Geschäftsanteile des Genossen erreicht seien.

Die Beteiligung auf den weiteren Geschäftsanteil tritt mit der in Gemäßheit der vorstehenden Absätze erfolgten Eintragung in Kraft.

Im übrigen kommen die Vorschriften des § 15 zur entsprechenden Anwendung.

Die Erklärung der Beteiligung auf einen weiteren Geschäftsanteil erfolgt, wie die Beitrittserklärung selbst, in schriftlicher Form und muß ebenso unbedingt d. h. von keiner Bedingung abhängig gemacht sein; die Aufnahme des Wortes „unbedingt“, wie in die Beitrittserklärung, ist hier nicht nötig. Strafvorschriften wegen unrichtiger Versicherung des Vorstands nach Abs. 2 s. § 147.

§ 138.

Eine Übertragung des Geschäftsguthabens findet in dem Falle des § 134 an einen anderen Genossen nur statt, sofern dessen bisheriges Guthaben mit dem ihm zuzuschreibenden Betrage die der höchsten Zahl der Geschäftsanteile entsprechende Gesamtsumme nicht übersteigt. Hierauf ist die im § 76 vorgesehene Versicherung des Vorstandes zu richten. Im übrigen verbleibt es bei den Bestimmungen im § 137.

Auch bei der Genossenschaft mit beschränkter Haftpflicht ist die Übertragung des Geschäftsguthabens natürlich nur möglich, soferne der Erwerber Genosse wird.

Für zulässig muß erachtet werden, daß ein Genosse, der mit mehreren Geschäftsanteilen beteiligt ist, nur sein Geschäftsguthaben aus einzelnen Geschäftsanteilen überträgt und mit einem oder mehreren Geschäftsanteilen Genosse bleibt (a. A. P.Cr. S. 294, M.B. S. 411).

Die Bestimmung des § 76 steht dem nicht entgegen; wenn gestattet ist, die Beteiligung auf mehrere Geschäftsanteile zu erwirken, so muß es auch möglich sein, daß der Genosse seine finanzielle Beteiligung wieder reduziert, zumal die Genossenschaft den entsprechenden Vermögensteil nicht verliert, dieser nur auf einen anderen Genossen übergeht, der Bestand des Vermögens sich somit in keiner Weise mindert und auch eine Auseinandersetzung mit der Genossenschaft nicht notwendig ist.

Die Ausscheidung nach § 76 ist gerade im Hinblick auf die Vermögensverhältnisse einzelner Mitglieder geregelt, um dieselben in ihrer Verfügung über das Geschäftsguthaben nicht allzusehr zu beschränken; diese Tendenz der gesetzlichen Bestimmung spricht dafür, die Übertragung einzelner Geschäftsguthaben für zulässig zu erachten, da es einem Genossen erwünscht sein kann, nur einen Teil des Geschäftsguthabens frei zu machen; die Motive stehen allerdings dieser Auffassung entgegen (Motive S. 207).

Die Übertragung eines Geschäftsguthabens an ein bereits der Genossenschaft angehöriges Mitglied ist an die Voraussetzung des gegenwärtigen Paragraphen gebunden.

§ 139.

Mit der Bilanz eines jeden Geschäftsjahres ist außer den im § 33 vorgesehenen Angaben über die Zahl der Genossen der Gesamtbetrag, um welchen in diesem Jahre die Geschäftsguthaben, sowie die Haftsummen der Genossen sich vermehrt oder vermindert haben, und der Betrag der Haftsummen zu veröffentlichen, für welche am Jahresschluß alle Genossen zusammen aufzukommen haben.

Diejenigen Genossen, welche zum Jahresschluß ausscheiden, sind hiebei mitzurechnen, da sie mit dem Tage, für welchen die Bilanz aufgestellt wird, noch Genossen sind.

§ 140.

Das Konkursverfahren findet bei bestehender Genossenschaft außer dem Falle der Zahlungsunfähigkeit in dem Falle der Überschuldung statt, sofern diese ein Viertel des Betrages der Haftsummen aller Genossen übersteigt. Der Vorstand hat, wenn eine solche Überschuldung sich aus der Jahresbilanz oder aus einer im Laufe des Jahres aufgestellten Bilanz ergiebt, die Eröffnung des Konkursverfahrens zu beantragen. Die Vorschriften des § 99 Absatz 2, 3, § 100 finden entsprechende Anwendung.

Siehe hiezu die Bemerkungen bei § 99.

Während für Genossenschaften mit unbeschränkter Haft- und Nachschußpflicht im Falle der Überschuldung eine Generalversammlung einzuberufen ist, um Beschluß zu fassen, ob die Genossenschaft aufgelöst werden soll, muß bei Genossenschaften mit beschränkter Haftpflicht ohne weiteres der Antrag auf Konkurseröffnung seitens des Vorstands gestellt werden.

§ 141.

Die einzelnen Genossen können über ihre Haftsumme hinaus weder auf Leistung von Nachschüssen, noch von den Konkursgläubigern in Anspruch genommen werden. Im übrigen finden auf den Anspruch der Gläubiger die Bestimmungen in §§ 122 bis 125 Anwendung.

Innerhalb der durch die Haftsumme gesteckten Grenze ist gegen den Genossen das Nachschußverfahren wie der Einzelangriff zulässig.

§ 142.

Außer dem Falle des § 90 kann in dem Falle, daß entgegen den Vorschriften in §§ 19, 22 der Gewinn oder das Geschäftsguthaben ausgezahlt wird, der Ersatzanspruch gegen die Mitglieder des Vorstandes oder des Aufsichtsrats oder gegen die Liquidatoren von den Gläubigern der Genossenschaft, soweit sie von dieser ihre Befriedigung nicht erlangen können, selbständig geltend gemacht werden. Dasselbe findet gegen die Mitglieder des Vorstandes oder die Liquidatoren statt, wenn nach dem Zeitpunkte, mit welchem die Verpflichtung zum Antrage auf Eröffnung des Konkursverfahrens eingetreten ist, eine Zahlung geleistet wird, rücksichtlich des Ersatzes derselben.

Die Ersatzpflicht wird den Gläubigern gegenüber dadurch nicht aufgehoben, daß die Handlung auf einem Beschlusse der Generalversammlung beruht.

In den Fällen des § 142 besteht eine direkte Haftpflicht der Genossenschaftsorgane gegenüber den Gläubigern der Genossenschaft, während eine solche bei Genossenschaften mit unbeschränkter Haft- und Nachschußpflicht nur im Falle des § 90 besteht, im übrigen die Haftung gegenüber der Genossenschaft sich nach §§ 34 Abs. 3, 41 Abs. 3, 89, 99, 140 bemißt.

IV. Für die Umwandlung von Genossenschaften.

§ 143.

Eine Genossenschaft mit unbeschränkter Haftpflicht kann sich in eine solche mit unbeschränkter Nachschußpflicht nur unter Beobachtung der Bestimmungen umwandeln, welche für die Verteilung des Genossenschaftsvermögens im Falle der Auflösung maßgebend sind (§ 82 Absatz 2, § 90 Absatz 1 bis 3).

Dasselbe gilt von der Umwandlung einer Genossenschaft mit unbeschränkter Haftpflicht oder mit unbeschränkter Nachschußpflicht in eine solche mit beschränkter Haftpflicht.

Die Vorschriften im § 133 Absatz 2 finden entsprechende Anwendung.

§ 144.

Zu dem Beschluß auf Umwandlung einer Genossenschaft mit unbeschränkter Nachschußpflicht in eine solche mit unbeschränkter Haftpflicht oder einer Genossenschaft mit beschränkter Haftpflicht in eine solche mit unbeschränkter Haftpflicht oder mit unbeschränkter Nachschußpflicht bedarf es einer Mehrheit von drei Vierteilen der in der Generalversammlung erschienenen Genossen. Das Statut kann noch andere Erfordernisse aufstellen.

Die Umwandlung von Genossenschaften mit strengerer Haftungsart in solche mit verminderter Haftung bedarf besonderer Cautelen; dieselben sind im § 143 vorgesehen.

Für die Umwandlung von Genossenschaften mit unbeschränkter Nachschußpflicht in solche mit unbeschränkter Haftpflicht oder von Genossenschaften mit beschränkter Haftpflicht in solche mit unbeschränkter Haft- oder Nachschußpflicht ist lediglich eine qualifizierte Stimmenmehrheit vorgeschrieben; dem Statut bleibt es überlassen, noch weitere Erfordernisse aufzustellen.

§ 145.

Die Umwandlung (§§ 143, 144) ist auch gegenüber den vor der Eintragung des Beschlusses in das Genossenschaftsregister aus der Genossenschaft Ausgeschiedenen wirksam.

Im Falle der Umwandlung einer Genossenschaft mit unbeschränkter Nachschußpflicht können dieselben für die Verbindlichkeiten der Genossenschaft nicht in Anspruch genommen werden, sofern ihr Ausscheiden früher als achtzehn Monate vor der Eintragung erfolgt ist. Im Falle der Umwandlung einer Genossenschaft mit beschränkter Haftpflicht bleibt der Anspruch gegen sie auf ihre bisherige Haftsumme beschränkt.

Die Durchführung des in Absatz 1 aufgestellten Prinzips müßte zu Unbilligkeiten führen; die Bestimmungen des 2. Absatzes dienen dazu, solche zu vermeiden. Über das Verfahren bei Umwandlung §§ 6, 17 Ausf.V. vom 1. Juli 1899.

Neunter Abschnitt.

Strafbestimmungen.

§ 146.

Mitglieder des Vorstandes und des Aufsichtsrats und Liquidatoren werden, wenn sie absichtlich zum Nachteile der Genossenschaft handeln, mit Gefängnis und zugleich mit Geldstrafe bis zu dreitausend Mark bestraft.

Zugleich kann auf Verlust der bürgerlichen Ehrenrechte erkannt werden.

§ 146 entspricht dem § 312 H.G.B. und gibt den Begriff der Untreue wieder, wie derselbe dem § 266 Str.G.B. zu Grunde liegt.

„Absichtlich" ist gleichbedeutend mit vorsätzlich; ein Vermögensnachteil muß herbeigeführt sein.

§ 147.

Mitglieder des Vorstandes und des Aufsichtsrats und Liquidatoren werden mit Gefängnis bis zu einem Jahre und zugleich mit Geldstrafe bis zu dreitausend Mark bestraft, wenn sie in den von ihnen dem Gerichte (§ 10) zu machenden Anmeldungen, Anzeigen und Versicherungen wissentlich falsche Angaben machen, oder in ihren Darstellungen, ihren Übersichten über den Vermögensstand der Genossenschaft, über die Mitglieder und die Haftsummen, oder den in der Generalversammlung gehaltenen Vorträgen den Stand der Verhältnisse der Genossenschaft wissentlich unwahr darstellen.

Zugleich kann auf Verlust der bürgerlichen Ehrenrechte erkannt werden.

Sind mildernde Umstände vorhanden, so tritt ausschließlich die Geldstrafe ein.

Vergl. §§ 313, 314 H.G.B.

Unter Strafe sind gestellt:

1. wissentlich falsche Anmeldungen, Anzeigen und Versicherungen gegenüber dem Registergerichte;
2. wissentlich falsche Veröffentlichungen und Darstellungen des Standes der Verhältnisse der Genossenschaft.

§ 148.

Mit Geldstrafe bis zu sechshundert Mark oder mit Gefängnis bis zu drei Monaten oder mit beiden Strafen zugleich werden bestraft:

1. die Mitglieder des Vorstandes und des Aufsichtsrats und die Liquidatoren, wenn länger als drei Monate die Genossenschaft ohne Aufsichtsrat geblieben ist, oder in dem letzteren die zur Beschlußfähigkeit erforderliche Zahl von Mitgliedern gefehlt hat;
2. die Mitglieder des Vorstandes oder die Liquidatoren, wenn entgegen den Vorschriften in §§ 99, 118, 140 der Antrag auf Eröffnung des Konkursverfahrens unterlassen ist.

Die Strafe tritt nicht gegen denjenigen ein, welcher nachweist, daß die Unterlassung ohne sein Verschulden geschehen ist.

Vergl. § 315 H.G.B., dessen Bestimmungen hier aber gemildert sind.

Besondere Strafvorschriften im Konkurs oder bei Zahlungseinstellung cf. § 244 und §§ 239—241 Konkursordnung.

§ 149.

Mitglieder des Vorstandes werden mit Geldstrafe bis zu sechshundert Mark bestraft, wenn ihre Handlungen auf andere als die im § 1 erwähnten geschäftlichen Zwecke gerichtet sind, oder wenn sie in der Generalversammlung die Erörterung von Anträgen gestatten oder nicht hindern, welche auf öffentliche Angelegenheiten gerichtet sind, deren Erörterung unter die Gesetze über das Versammlungs- und Vereinsrecht fällt.

„Nicht hindern" heißt soviel, als „nicht das Ihrige thun, um zu verhindern"; dies ist von Bedeutung, wenn der Vorsitz in der Generalversammlung, wie regelmäßig der Fall, dem Vorsitzenden des Aufsichtsrats zusteht.

§ 150.

Die Mitglieder des Vorstandes eines Revisionsverbandes werden, wenn unterlassen ist, die Versammlung in Gemäßheit des § 59 Absatz 2 anzuzeigen, mit Geldstrafe bis zu sechshundert Mark bestraft.

Die Strafe tritt nicht gegen denjenigen ein, welcher nachweist, daß die Unterlassung ohne sein Verschulden geschehen ist.

§ 151.

Wer sich besondere Vorteile dafür hat gewähren oder versprechen lassen, daß er bei einer Abstimmung in der Generalversammlung in einem gewissen Sinne stimme, wird mit Geldstrafe bis zu dreitausend Mark oder mit Gefängnis bis zu einem Jahre bestraft.

§ 151 richtet sich gegen den sog. Stimmenkauf; vergl. § 317 H.G.B.

§ 152.

Personen, welche für einen Konsumverein den Warenverkauf bewirken, werden, wenn sie der Vorschrift des § 8 Absatz 4 zuwider wissentlich oder ohne Beobachtung der nach § 31 von dem Vorstande erlassenen Anweisung Waren an andere Personen als an Mitglieder oder deren Vertreter verkaufen, mit Geldstrafe bis einhundertfünfzig Mark bestraft.

Gleiche Strafe trifft das Mitglied, welches seine Legitimation, durch die es zum Warenkauf in einem Konsumverein oder bei einem mit diesem wegen Warenabgabe an die Mitglieder in Verbindung stehenden Gewerbetreibenden berechtigt wird, einem Dritten zum Zweck unbefugter Warenentnahme überläßt.

Dritte, welche von solcher Legitimation zu demselben Zweck Gebrauch machen, oder auf andere Weise zu unbefugter Warenabgabe zu verleiten unternehmen, werden in gleicher Weise bestraft.

§ 153.

Mit Geldstrafe bis zu einhundertfünfzig Mark wird bestraft, wer Waren, die er aus dem Konsumverein oder von einem mit diesem wegen Warenabgabe in Verbindung stehenden Gewerbetreibenden auf Grund seiner Mitgliedschaft bezogen hat, gegen Entgelt gewohnheitsmäßig oder gewerbsmäßig an Nichtmitglieder veräußert.

Diese Bestimmung findet keine Anwendung:

1. wenn ein Mitglied eines Konsumvereins die von ihm bezogenen Waren in seiner Speiseanstalt oder an seine Kostgänger zum alsbaldigen persönlichen Verbrauch abgibt;
2. wenn ein Konsumverein, welcher Mitglied eines anderen Konsumvereins ist, die aus letzterem bezogenen Waren an seine Mitglieder abgibt.

§ 154.

Zuwiderhandlungen gegen die Vorschrift des § 32 werden mit Geldstrafe bis zu einhundertfünfzig Mark bestraft.

Die Bestimmungen der §§ 152, 153, 154 sind durch Art. 1 Ziff. 7 des Gesetzes vom 12. August 1896 als Art. 145 a, b, c in das Gesetz aufgenommen worden.

§ 152 behandelt dreierlei Reate:

1. Verkauf seitens der Angestellten eines Konsumvereins an Nichtmitglieder;
2. Überlassung der Legitimation seitens des Mitglieds an Dritte zum Zwecke des Warenkaufs;
3. unbefugter Gebrauch der Legitimation zum Warenkauf oder Unternehmung der Verleitung zu unbefugter Warenabgabe.

§ 153 Abs. 1 bestraft die gewohnheitsmäßige oder gewerbsmäßige entgeltliche Veräußerung von aus Konsumvereinen oder durch einen mit diesen wegen Warenabgabe in Verbindung stehenden Gewerbetreibenden bezogenen Waren an Nichtmitglieder.

§ 154 bedroht die Ausgabe von Marken als Zahlungssurrogaten.

Zehnter Abschnitt.

Schlußbestimmungen.

§ 155.

In bürgerlichen Rechtsstreitigkeiten, in welchen durch Klage oder Widerklage ein Anspruch auf Grund der Bestimmungen dieses Gesetzes geltend gemacht ist, wird die Verhandlung und Entscheidung letzter Instanz im Sinne des § 8 des Einführungsgesetzes zum Gerichtsverfassungsgesetze dem Reichsgerichte zugewiesen.

Nach § 8 E.G. z. G.V.G. kann durch die Gesetzgebung eines Bundesstaats, in welchem mehrere Oberlandesgerichte errichtet werden die Verhandlung und Entscheidung der zur Zuständigkeit des Reichsgerichts gehörenden Revisionen und Beschwerden in bürgerlichen Rechtsstreitigkeiten einem obersten Landesgerichte zugewiesen werden.

Für Bayern vergl. Art. 42 ff. Ausf.Ges. z. G.V.G. und Art. 167 Ziff. XII A.G. z. B.G.B. oben S. 64 ff.

Im Interesse einheitlicher Rechtsprechung wurde die Bestimmung des § 155 getroffen; vergl. Art. 6 E.G. z. B.G.B und die Ausführungen über die Zukunft des bayer. obersten Landesgerichts in Bl. f. R.A. Bd. 62 S. 97 ff. insbes. S. 103.

§ 156.

Die Vorschriften in §§ 9 bis 11 des Handelsgesetzbuchs finden auf das Genossenschaftsregister Anwendung. Die Eintragungen sind durch den Deutschen Reichsanzeiger bekannt zu machen. Die anderen Blätter hat das Gericht zu bestimmen, für kleinere Genossenschaften nur ein anderes Blatt.

Nach § 9 H.G.B. ist die Einsicht des Handelsgesetzbuchs, sowie der zum Handelsregister eingereichten Schriftstücke jedem gestattet.

Abschriften hieraus werden erteilt, sofern ein berechtigtes Interesse glaubhaft gemacht wird.

Das Gericht hat auf Verlangen eine Bescheinigung darüber zu erteilen, daß bezüglich des Gegenstandes einer Eintragung weitere Eintragungen nicht vorhanden sind, oder daß eine bestimmte Eintragung nicht erfolgt ist.

§§ 10 und 11 behandeln die Veröffentlichungen der Bekanntmachungen und die jährlich im Dezember zu erfolgende Bezeichnung der Blätter, in denen die handelsgerichtlichen Eintragungen veröffentlicht werden. Vergl. ferner §§ 4 und 5 Ausf.V. vom 1. Juli 1899.

§ 157.

Die Anmeldungen zum Genossenschaftsregister sind durch sämtliche Mitglieder des Vorstandes oder sämtliche Liquidatoren persönlich zu bewirken oder in beglaubigter Form einzureichen.

Die in §§ 16, 28, § 33 Absatz 2, § 51 Absatz 5, § 63 Absatz 2, § 84, § 85 Absatz 2 vorgeschriebenen Anmeldungen und Einreichungen müssen auch zu dem Genossenschaftsregister einer jeden Zweigniederlassung erfolgen.

Absatz 3 des Paragraphen, lautend: „Für den Eintritt der im § 13, § 16 Abs. 4, §§ 29, 84, 139 vorgesehenen Wirkungen entscheidet die Eintragung in das Genossenschaftsregister der Hauptniederlassung", ist weggefallen durch Art. 10 Ziff. XV E.G. z. H.G.B.

Für den Geschäftsverkehr mit einer in das Handelsregister eingetragenen Zweigniederlassung soll, wenn es sich um die Frage handelt, ob eine in das Handelsregister einzutragende Thatsache Dritten entgegengesetzt werden kann, die Eintragung in das Register der Zweigniederlassung entscheidend sein. Nur soweit rechtliche Vorgänge in Betracht kommen, deren Wirksamkeit schlechthin von der Eintragung in das Handelsregister abhängt, ist ausschließlich der Inhalt des Registers der Hauptniederlassung entscheidend. Es erscheint folgerichtig, die gleichen Grundsätze gegenüber den Eintragungen in das Genossenschaftsregister zur Geltung zu bringen und demgemäß den Absatz 3 des (früheren) § 148 nun § 157, zu streichen (Motive z. H.G.B. S. 312).

Über die Anmeldungen vergl. §§ 6 ff. Ausf.V.

§ 158.

Von der Eintragung eines beitretenden Genossen, der Eintragung oder Vormerkung des Austritts, der Ausschließung oder des Todes von Genossen, sowie von der Eintragung weiterer Geschäftsanteile in die Liste der Genossen hat das Gericht (§ 10) dem Gerichte einer jeden Zweigniederlassung zur Berichtigung der dort geführten Liste Mitteilung zu machen.

Imgleichen ist die Eintragung der Auflösung einer Genossenschaft, sowie der Eröffnung des Konkursverfahrens zu dem Genossenschaftsregister einer jeden Zweigniederlassung mitzuteilen.

§ 159.

Gebühren für die Verhandlung und Entscheidung erster Instanz über die in vorstehendem Paragraphen bezeichneten Anträge, sowie für die Eintragungen und Vormerkungen werden nicht erhoben. Die Erhebung von Auslagen findet nach §§ 79, 80 und 80 b des Gerichtskostengesetzes statt.

§ 160.

Die Mitglieder des Vorstandes sind von dem Gerichte (§ 10) zur Befolgung der im § 8 Absatz 2, § 14, §§ 28, 30, § 61 Absatz 2, § 63, § 78 Absatz 2, § 79 Absatz 2, enthaltenen Vorschriften durch Ordnungsstrafen anzuhalten; die einzelne Strafe darf den Betrag von dreihundert Mark nicht übersteigen. In gleicher Weise sind die Mitglieder des Vorstandes und die Liquidatoren zur Befolgung der im § 33 Absatz 2, § 47, § 48 Absatz 2, § 51 Absatz 4 und 5, § 84, § 85 Absatz 2, § 89, § 157 Absatz 2 enthaltenen Vorschriften anzuhalten.

Rücksichtlich des Verfahrens sind die Vorschriften maßgebend, welche zur Erzwingung der im Handelsgesetzbuch angeordneten Anmeldungen zum Handelsregister gelten.

§ 160 früher § 152, hat die entsprechenden Abänderungen durch Art. 10 Ziff. XVI E.G. z. H.G.B. enthalten.

Für die Erzwingung der angeordneten Thätigkeit treffen §§ 132 ff. Ges. über fr. Ger. Vorsorge.

Darnach hat das Registergericht, sobald es von einem sein Einschreiten rechtfertigenden Sachverhalte glaubhafte Kenntnis erhält, den Beteiligten unter Androhung einer Ordnungsstrafe aufzugeben, innerhalb einer bestimmten Frist ihren gesetzlichen Verpflichtungen nachzukommen oder die Unterlassung mittels Einspruchs gegen die Verfügung zu rechtfertigen. Die Beschwerde gegen diese Verfügung ist unzulässig.

Das weitere Verfahren richtet sich nach den angegebenen Gesetzesbestimmungen.

§ 161.

Die zur Ausführung der Vorschriften über das Genossenschaftsregister und die Anmeldungen zu demselben erforderlichen Bestimmungen werden von dem Bundesrat erlassen.

Welche Behörden in jedem Bundesstaate unter der Bezeichnung Staatsbehörde (§ 47) und höhere Verwaltungsbehörde (§§ 58, 59, 61, 81) zu verstehen sind, wird von der Zentralbehörde des Bundesstaates bekannt gemacht.

Vergl. Anhang.

Übergangsbestimmungen

des 10. Abschnittes des Gesetzes vom 1. Mai 1889, welche in der Bekanntmachung des Textes des Genossenschaftsgesetzes in der ab 1. Januar 1900 geltenden Fassung nicht aufgenommen wurden.

Siehe Einleitung.

§ 153.

Das Gesetz, betreffend die privatrechtliche Stellung der Erwerbs- und Wirtschaftsgenossenschaften vom 4. Juli 1868 (Bundesgesetzbl. S. 415) mit der Deklaration vom 19. Mai 1871 (Reichsgesetzbl. S. 101), sowie die Vorschriften in §§ 195 bis 197 der Konkursordnung und im § 3 Absatz 4 des Einführungsgesetzes zu derselben werden aufgehoben. Unberührt bleibt die Vorschrift im § 6 des letzteren Gesetzes.

Wo in anderen Gesetzen auf die Bestimmungen des Gesetzes vom 4. Juli 1868 Bezug genommen ist, treten an deren Stelle die Bestimmungen des gegenwärtigen Gesetzes.

§ 154.

Auf die in Gemäßheit des Gesetzes vom 4. Juli 1868 eingetragenen Genossenschaften findet das gegenwärtige Gesetz mit den in den nachfolgenden Paragraphen enthaltenen Maßgaben Anwendung.

§ 155.

Die Genossenschaften haben in die Firma die zusätzliche Bezeichnung: „eingetragene Genossenschaft mit unbeschränkter Haftpflicht" aufzunehmen. Zur Anmeldung dieses Zusatzes ist der Vorstand von dem Gerichte (§§ 10, 14) durch Ordnungsstrafen in Gemäßheit des § 152 anzuhalten.

An die Stelle des § 152 ist nunmehr § 160 getreten. — Gemeint sind die am 1. Mai 1889 bestehenden Genossenschaften.

§ 156.

Solange in dem Statut einer Genossenschaft die im § 7 Nr. 4 vorgesehene Bestimmung über die Bildung eines Reservefonds nicht getroffen ist, hat die Genossenschaft von dem nach Inkrafttreten des Gesetzes beginnenden Geschäftsjahre an zur Bildung des Reservefonds mindestens den zehnten Teil des jährlichen Reingewinns zu verwenden.

§ 157.

Die Vorschrift der Nr. 3 im § 8 Absatz 1 über das Geschäftsjahr findet nach Ablauf von drei Monaten seit dem Inkrafttreten des Gesetzes Anwendung.

Eine Genossenschaft, deren Statut die Ausdehnung des Geschäftsbetriebes durch Gewährung von Darlehen an Personen gestattet, welche nicht Mitglieder der Genossenschaft sind, unterliegt dem Verbote des § 8 Absatz 2 nach Ablauf von zwei Jahren seit dem Inkrafttreten des Gesetzes.

§ 158.

Auf den Vorstand findet die Bestimmung im § 24 Absatz 2 über die Mindestzahl der Mitglieder, auf den Aufsichtsrat finden die Bestimmungen in § 9, § 34 Absatz 1 nach Ablauf von sechs Monaten seit dem Inkrafttreten des

Gesetzes Anwendung. Das Gleiche gilt von der Bestimmung im § 81 Absatz 2 über die Zahl der Liquidatoren.

§ 159.

Die Bestimmung des § 66 über die Ausschließung von Genossen wegen der Mitgliedschaft in einer gleichartigen Genossenschaft findet, soweit der Beitritt zu dieser vor dem Inkrafttreten des Gesetzes erfolgt ist, keine Anwendung.

§ 160.

Auf eine Genossenschaft, welche bei dem Inkrafttreten des Gesetzes weniger als sieben Mitglieder hat, findet der § 78 solange keine Anwendung, als nicht diese Mitgliederzahl erreicht wird.

§ 161.

Die Haftpflicht der Genossen bestimmt sich nach den Vorschriften in §§ 52 bis 65 des Gesetzes vom 4. Juli 1868 und im § 197 der Konkursordnung, sofern vor dem Inkrafttreten des gegenwärtigen Gesetzes der Verteilungsplan zur Erklärung der Vollstreckbarkeit eingereicht oder ohne Einreichung eines solchen das Konkursverfahren aufgehoben war.

§ 162.

Außer den Fällen des vorhergehenden Paragraphen kommen rücksichtlich der Haftpflicht der Genossen, welche vor dem Tage des Inkrafttretens des Gesetzes aus der Genossenschaft ausgeschieden und noch nicht durch Verjährung der Klage befreit sind, die Vorschriften des gegenwärtigen Gesetzes mit der Maßgabe zur Anwendung, daß mit dem bezeichneten Tage die zweijährige Frist des § 119 Absatz 1 beginnt, und daß die im zweiten Absatze desselben Paragraphen bestimmte Ausdehnung der Haftpflicht nicht eintritt.

§ 163.

Die Bestimmung im § 112 findet nicht Anwendung, insoweit beim Inkrafttreten des Gesetzes ein Genosse auf mehr als einen Geschäftsanteil beteiligt ist.

§ 164.

Der Vorstand hat dem Gerichte (§ 10) binnen einem Monate nach dem Tage des Inkrafttretens des Gesetzes anzuzeigen, welche Personen außer den in der gerichtlichen Mitgliederliste (§§ 4, 25 Absatz 2 des Gesetzes vom 4. Juli 1868) aufgeführten bis zu dem bezeichneten Tage Mitglieder der Genossenschaft geworden sind, und welche von den in der Liste aufgeführten Personen an diesem Tage der Genossenschaft nicht angehört haben.

Zugleich sind die Mitglieder, welche nach dem Inkrafttreten des Gesetzes infolge vorher geschehener Aufkündigung oder Ausschließung ausscheiden, und der Tag ihres Ausscheidens zu bezeichnen.

Zur Befolgung dieser Vorschriften ist der Vorstand durch Ordnungsstrafen in Gemäßheit des § 152 anzuhalten.

§ 165.

Das Gericht hat die Liste nach den in vorstehendem Paragraphen bezeichneten Angaben zu berichtigen.

Es hat mittels öffentlicher Bekanntmachung eine allgemeine Aufforderung zu erlassen, inhalts deren die in der Liste aufgeführten Personen, welche behaupten, daß sie am Tage des Inkrafttretens des Gesetzes nicht Mitglieder der Genossenschaft gewesen sind oder daß ihr Ausscheiden nicht richtig in die Liste eingetragen ist, sowie die in derselben nicht aufgeführten Personen, welche behaupten, daß sie an dem bezeichneten Tage Mitglieder der Genossenschaft gewesen sind, ihren Widerspruch gegen die Liste bis zum Ablauf einer Ausschlußfrist von einem Monate schriftlich oder zum Protokolle des Geschichtsschreibers zu erklären haben.

§ 166.

Die Bekanntmachung erfolgt durch einmalige Einrückung in die für die Bekanntmachungen der Genossenschaft bestimmten Blätter.

Die Kosten der Bekanntmachungen werden von der Genossenschaft getragen.

§ 167.

Die Ausschlußfrist beginnt mit dem Tage, an welchem das letzte der die Bekanntmachung enthaltenden Blätter erschienen ist.

§ 168.

Nach Ablauf der Ausschlußfrist ist für die Mitgliedschaft am Tage des Inkrafttretens des Gesetzes und für das

Ausscheiden infolge vorher geschehener Aufkündigung oder Ausschließung (§ 164 Absatz 2) der Inhalt der Liste maßgebend.

Einwendungen gegen die Liste bleiben den im § 165 Absatz 2 bezeichneten Personen vorbehalten, sofern sie in Gemäßheit desselben den Widerspruch erklärt haben oder hieran ohne ihr Verschulden verhindert waren und binnen einem Monate nach Beseitigung des Hindernisses den Widerspruch schriftlich oder zum Protokolle des Gerichtsschreibers erklärt haben.

Auf diese Rechtsfolgen ist in der im § 165 vorgeschriebenen Bekanntmachung hinzuweisen.

§ 169.

Das Gericht hat die in Gemäßheit des § 165 Absatz 2 und § 168 Absatz 2 erklärten Widersprüche in der Liste zu vermerken und dem Vorstande der Genossenschaft zur Erklärung mitzuteilen.

Soweit der Vorstand die Widersprüche in beglaubigter Form als begründet anerkennt oder zur Anerkennung rechtskräftig verurteilt wird, ist die Liste zu berichtigen. Wird das Anerkenntnis oder Urteil oder eine die vorläufige Aufrechterhaltung des Widerspruchs anordnende einstweilige Verfügung des Prozeßgerichts nicht binnen 2 Jahren seit Eintragung des Widerspruchs dem Gerichte (§ 10) eingereicht, so ist derselbe als nicht erfolgt anzusehen und von Amtswegen zu löschen.

§ 170.

Das Gericht hat von den zufolge § 165 Absatz 1, § 169 vorgenommenen Eintragungen dem Gerichte einer jeden Zweigniederlassung zur Berichtigung der dort geführten Liste Mitteilung zu machen.

Auf die Eintragungen finden die Vorschriften in §§ 150, 151 entsprechende Anwendung.

Der § 171 ist inhaltlich identisch mit § 161 des Gesetzes in der neuen Fassung, § 172 bestimmt die Zeit des Inkrafttretens des Gesetzes d. i. der 1. Oktober 1889. —

Anhang.

I.

Bekanntmachung, betr. die Führung des Genossenschaftsregisters und die Anmeldungen zu demselben vom 11. Juli 1889.

Auf Grund des § 171 Absatz 1 des Gesetzes, betreffend die Erwerbs- und Wirtschaftsgenossenschaften, vom 1. Mai 1889 (Reichs-Gesetzbl. S. 55) hat der Bundesrat folgende Bestimmungen über die Führung des Genossenschaftsregisters und die Anmeldungen zu demselben erlassen.

I. Allgemeine Bestimmungen.

§ 1.

Das Genossenschaftsregister bildet fortan nicht einen Teil des Handelsregisters, sondern wird von dem zur Führung des letzteren zuständigen Gericht (Gesetz, betreffend die Erwerbs- und Wirtschaftsgenossenschaften, vom 1. Mai 1889, Reichs-Gesetzbl. S. 55, § 10 Absatz 2) als ein selbständiges Register geführt.

§ 2.

Die in Gemäßheit des Gesetzes vom 4. Juli 1868 (Bundes-Gesetzbl. S. 415) angelegten Register gelten als Genossenschaftsregister im Sinne des neuen Gesetzes und dieser Bestimmungen.

Wo bisher die dem Gesetze vom 4. Juli 1868 unterstehenden Genossenschaften nicht in eine besondere, als Genossenschaftsregister dienende Abteilung des Handelsregisters, sondern zusammen mit den Handelsgesellschaften in das letztere eingetragen sind, ist ein besonderes Genossenschaftsregister anzulegen. In dasselbe sind aus dem Handelsregister die auf die vorgedachten Genossenschaften bezüglichen Eintragungen, soweit sie noch Geltung haben, von Amtswegen zu übertragen; hierbei ist die erfolgte Uebertragung aus dem Handelsregister zu vermerken.

§ 18.

Die Eintragung des Zusatzes „eingetragene Genossenschaft mit unbeschränkter Haftpflicht", welchen die unter dem Gesetz vom 4. Juli 1868 eingetragenen Genossenschaften in ihre Firma aufzunehmen haben (Gesetz § 155), erfolgt auf Grund der Anmeldung des Vorstandes. Eines Beschlusses der Generalversammlung bedarf es nicht; die bezeichnete Aenderung der

Firma tritt kraft Gesetzes ein. Der Vorstand ist jedoch gegebenenfalls durch Ordnungsstrafen zur Anmeldung anzuhalten.

Die vorstehende Bestimmung findet auf Genossenschaften, welche die Umwandlung in eine Genossenschaft mit unbeschränkter Nachschußpflicht oder mit beschränkter Haftpflicht beschließen, solange Anwendung, bis der Umwandlungsbeschluß in das Genossenschaftsregister eingetragen ist.

Auf Genossenschaften, welche beim Inkrafttreten des Gesetzes bereits aufgelöst sind, findet die Bestimmung des ersten Absatzes keine Anwendung.

Anlegung und Berichtigung der Liste für bestehende Genossenschaften.

§ 36.

Für die bei dem Inkrafttreten des Gesetzes bestehenden Genossenschaften (Gesetz § 154) ist die Liste der Genossen in der durch die gegenwärtigen Bestimmungen vorgeschriebenen Form neu anzulegen und hiermit die im § 165 des Gesetzes angeordnete Berichtigung des Inhalts der bisherigen Mitgliederliste zu verbinden.

Die Anlegung hat unverzüglich nach Eingang der im § 164 des Gesetzes vorgeschriebenen Anzeige des Vorstandes der Genossenschaft zu erfolgen. Derselbe kann die Anzeige in der Weise erstatten, daß er die neue Liste selbst entwirft und bei Einreichung derselben die Abweichungen von der bisherigen Liste bezeichnet.

Bei Eintragung der beim Inkrafttreten des Gesetzes der Genossenschaft angehörenden Mitglieder wird das Datum der Eintragung nicht in Spalte 2 angegeben, sondern unter der letzten Eintragung folgender Vermerk beigefügt:

„Die unter Nr. 1 bis . . . . . . eingetragenen Personen sind als die der Genossenschaft am 1. Oktober 1889 angehörenden Mitglieder eingetragen am . . . .“

Zugleich ist bei denjenigen Genossen, welche infolge einer vor dem 1. Oktober 1889 geschehenen Aufkündigung nach diesem Tage aus der Genossenschaft ausscheiden (Gesetz § 164 Absatz 2), die frühere Aufkündigung und der nach den bisherigen Vorschriften sich bestimmende Zeitpunkt des Ausscheidens in Spalte 8 und 9 einzutragen.

§ 37.

Sobald die Anlage der neuen Liste bewirkt ist, hat das Gericht die in § 165 Absatz 2, § 168 Absatz 3 des Gesetzes bezeichnete allgemeine Aufforderung in den für die Bekanntmachungen der Genossenschaft im Statut derselben bestimmten Blättern zu erlassen.

Soweit die zu dem Bezirke des Gerichts gehörenden Genossenschaften für ihre Bekanntmachungen dieselben Blätter bestimmt haben, kann für diese Genossenschaften die allgemeine Aufforderung verbunden werden.

§ 38.

Widersprüche, welche in Gemäßheit des § 165 Absatz 2 oder des § 168 Absatz 2 des Gesetzes gegen den Inhalt der neuen Liste erhoben werden, sind, sofern sie sich gegen die Aufnahme des Widersprechenden in die Liste richten oder das Ausscheiden desselben auf Grund einer vor dem 1. Oktober 1889 erklärten Aufkündigung betreffen, in der letzten Spalte einzutragen. Ist infolge eines Anerkenntnisses des Vorstandes oder eines rechtskräftigen Urteils gegen denselben die Liste nach Maßgabe des erhobenen Widerspruchs zu berichtigen (Gesetz § 169 Absatz 2), so ist der Grund der Berichtigung in der letzten Spalte zu vermerken und zugleich die wegfallende Eintragung rot zu unterstreichen.

Zur Eintragung von Widersprüchen, mit welchen die Aufnahme des Widersprechenden in die Liste beansprucht wird, ist eine besondere Liste anzulegen. In dieselbe sind die Widersprechenden nach Namen, Beruf und Wohnort einzutragen. Eine spätere Berichtigung der Liste in Gemäßheit des Widerspruchs erfolgt durch Uebertragung des Genossen in die Hauptliste.

Des Nachweises oder der Glaubhaftmachung der Thatsachen, auf welche ein Widerspruch und im Falle des § 168 Absatz 2 des Gesetzes die Zulässigkeit der nachträglichen Geltendmachung desselben gegründet wird, bedarf es nicht.

Die Löschung eines Widerspruchs erfolgt, wenn die Voraussetzungen des § 169 Absatz 2 des Gesetzes vorliegen oder der Widerspruch zurückgenommen oder durch rechtskräftiges Urteil für unbegründet erklärt wird, durch entsprechenden Vermerk in der Liste, in welche der Widerspruch eingetragen war.

§ 39.

Solange die Anlegung der neuen Liste (§ 36) für eine Genossenschaft noch nicht vollendet ist, sind Eintragungen, welche auf Grund eines nach dem 1. Oktober 1889 erfolgten Beitritts oder Ausscheidens von Genossen erforderlich werden, in einer vorläufigen Liste zu bewirken. Dieselben sind nach

Anlegung der neuen Liste in diese unter dem Datum der früheren Eintragung zu übertragen.

§ 40.

Die vorstehenden Bestimmungen treten gleichzeitig mit dem Gesetze vom 1. Mai 1889 in Kraft.

II.

Bekanntmachung, betreffend die Führung des Genossenschaftsregisters und die Anmeldungen zu diesem Register. Vom 1. Juli 1899.

Auf Grund des § 161 Abs. 1 des Gesetzes, betreffend die Erwerbs- und Wirtschaftsgenossenschaften (Reichs-Gesetzbl. 1898 S. 810), hat der Bundesrat beschlossen, daß vom 1. Januar 1900 ab an die Stelle der §§ 3 bis 17 und der §§ 19 bis 35 der Bestimmungen über die Führung des Genossenschaftsregisters und die Anmeldungen zu demselben (Reichs-Gesetzbl. 1889 S. 150) die folgenden Vorschriften treten:

I. Allgemeines.

Obliegenheiten des Richters und des Gerichtsschreibers.

§ 1.

Die Obliegenheiten des Richters und des Gerichtsschreibers bei der Führung des Genossenschaftsregisters und der Liste der Genossen sowie bei den auf die Eintragungen bezüglichen Verhandlungen bestimmen sich, soweit nicht durch Reichsgesetz oder durch diese Vorschriften besondere Anordnungen getroffen sind, nach den in den einzelnen Bundesstaaten für das Handelsregister geltenden Vorschriften.

Eintragungsverfügung.

§ 2.

Die Eintragungen in das Genossenschaftsregister und in die Liste der Genossen erfolgen auf Grund einer Verfügung des Registergerichts. Werden die Geschäfte des Registerführers nicht von einem Richter wahrgenommen, so soll die Verfügung für das Genossenschaftsregister den Wortlaut, für die Liste der Genossen den Inhalt der Eintragungen feststellen.

Die Eintragungen sind unverzüglich zu bewirken. Die erfolgte Eintragung ist bei der gerichtlichen Verfügung zu vermerken.

Benachrichtigung der Beteiligten.

§ 3.

Von jeder Eintragung in das Genossenschaftsregister oder in die Liste der Genossen ist dem Vorstand oder den Liquidatoren Nachricht zu geben. Das Gleiche gilt von der Ablehnung einer beantragten Eintragung.

Diese Benachrichtigungen sowie die in den Fällen der §§ 15, 72, 76, 77, 137 des Gesetzes weiter vorgeschriebenen Benachrichtigungen von Genossen und von Gläubigern oder Erben eines Genossen können ohne Förmlichkeiten, insbesondere durch einfache Postsendung erfolgen. Für die Benachrichtigungen über Eintragungen in die Liste der Genossen sind Formulare zu verwenden, deren Ausfüllung dem Gerichtsschreiber obliegt; die Benachrichtigung ist in der Regel mittelst einer Postkarte zu bewirken, auf deren Rückseite sich das Formular befindet.

Wird eine Eintragung abgelehnt, so sind die Gründe der Ablehnung mitzuteilen.

Bekanntmachung der Registereintragungen.

§ 4.

Die öffentliche Bekanntmachung einer Eintragung in das Genossenschaftsregister (Gesetz § 156; Handelsgesetzbuch § 10) ist zu veranlassen, sobald die Eintragung bewirkt ist und ohne daß eine andere Eintragung abgewartet werden darf.

§ 5.

Für die Bekanntmachungen aus dem Genossenschaftsregister können neben dem Deutschen Reichsanzeiger andere als die für die Bekanntmachungen aus dem Handelsregister dienenden Blätter bestimmt werden. Hinsichtlich der Bekanntmachung der hiernach bestimmten Blätter finden die Vorschriften entsprechende Anwendung, welche für die Bekanntmachung der zu den Veröffentlichungen aus dem Handelsregister benutzten Blätter gelten.

Hört eines der Blätter im Laufe des Jahres zu erscheinen auf, so hat das Gericht unverzüglich ein anderes Blatt zu bestimmen.

Bei kleineren Genossenschaften, für welche gemäß § 156 des Gesetzes neben dem Reichsanzeiger nur ein anderes Blatt zu bestimmen ist, hat die Auswahl dieses Blattes hauptsächlich mit Rücksicht auf die Verbreitung im Gerichtsbezirke zu erfolgen. Bei der Entscheidung, ob eine Genossenschaft zu den kleineren Genossenschaften zu rechnen ist, hat das Registergericht sowohl die Zahl der vorhandenen Mitglieder und die Größe des Genossenschaftsvermögens als die Art und den Umfang des Geschäftsbetriebs zu berücksichtigen.

Die Bekanntmachungen im Deutschen Reichsanzeiger sind in einem bestimmten Teile des Blattes zusammenzustellen.

Form der Anmeldungen sowie der sonstigen Anzeigen, Erklärungen und Einreichungen.

§ 6.

Die Vorschrift, daß Anmeldungen zum Genossenschaftsregister durch sämtliche Mitglieder des Vorstandes oder durch sämtliche Liquidatoren persönlich zu bewirken oder in beglaubigter Form einzureichen sind (Gesetz § 157 Abs. 1), gilt nur von den Anmeldungen, welche in dem Gesetz als solche ausdrücklich bezeichnet sind.

Dahin gehören:
1. die Anmeldung des Statuts (Gesetz §§ 10, 11);
2 die Anmeldung von Abänderungen des Statuts (Gesetz § 16) einschließlich der Anmeldung einer Herabsetzung der Haftsumme und der Umwandlung einer Genossenschaft nebst den von dem Vorstande hierbei abzugebenden Versicherungen (Gesetz §§ 133, 143, 144);
3. die Anmeldung einer Zweigniederlassung (Gesetz § 14) oder der Aufhebung einer solchen;
4. die Anmeldung der Bestellung, des Ausscheidens oder der vorläufigen Enthebung von Vorstandsmitgliedern und Liquidatoren (Gesetz §§ 10, 11, 28, 84, § 85 Abs. 2);
5. die Anmeldung der Auflösung einer Genossenschaft in den Fällen der §§ 78, 79 des Gesetzes.

Die Anmeldung durch einen Bevollmächtigten ist ausgeschlossen.

§ 7.

Für die sonstigen Anzeigen und Erklärungen, die zum Genossenschaftsregister oder zur Liste der Genossen zu bewirken sind, bedarf es weder der Mitwirkung sämtlicher Vorstandsmitglieder oder Liquidatoren noch, soweit nicht ein anderes vorgeschrieben ist, der beglaubigten Form (zu vergl. Gesetz § 33 Abs. 2, § 63 Abs. 2, § 89).

Sind jedoch solche Anzeigen oder Erklärungen mit rechtlicher Wirkung für die Genossenschaft verbunden, so müssen sie in der für die Willenserklärungen des Vorstandes oder der Liquidatoren vorgeschriebenen Form, insbesondere unter Mitwirkung der hiernach erforderlichen Zahl von Vorstandsmitgliedern oder Liquidatoren erfolgen (Gesetz §§ 25, 85). Dahin gehören die sämtlichen Einreichungen, Anzeigen und Versicherungen, die bezüglich des Beitritts und des Ausscheidens von Genossen sowie bezüglich der Beteiligung von Genossen auf weitere Geschäftsanteile von dem Vorstande zur Liste der Genossen zu bewirken sind (Gesetz § 15 Abs. 2, § 69, § 71 Abs. 2, § 76 Abs. 2, § 77 Abs. 2, § 137 Abs. 2, § 138).

Die Einreichungen und Anzeigen können persönlich bei dem Gericht oder schriftlich mittelst Einsendung bewirkt werden. Im ersteren Falle wird über den Vorgang ein Vermerk unter Bezeichnung der erschienenen Vorstandsmitglieder oder Liquidatoren aufgenommen; im Falle schriftlicher Einreichung ist die ordnungsmäßige Zeichnung durch den Vorstand oder die Liquidatoren erforderlich.

Beglaubigung.

§ 8.

Ist für eine Erklärung die beglaubigte Form erforderlich (§ 6 und § 36 Abs. 1 dieser Vorschriften, § 71 Abs. 2 des Gesetzes), so können außer den Notaren und den sonst zuständigen Behörden und Beamten auch der Gemeindevorsteher sowie die Polizeibehörde die Beglaubigung der Unterschriften bewirken.

In den Fällen, in welchen die Abschrift einer Urkunde zum Genossenschaftsregister oder zur Liste der Genossen einzureichen ist, genügt, sofern nicht ein anderes vorgeschrieben ist, eine einfache Abschrift (Gesetz § 11 Abs. 2 Nr. 3, § 28, § 69 Abs. 2). Ist die Einreichung einer beglaubigten Abschrift vorgeschrieben, so hat die Beglaubigung durch eine zuständige Behörde oder einen zuständigen Beamten oder Notar zu erfolgen (§ 14 Abs. 2, § 58, § 66 Abs. 2, § 69 Abs. 1 des Gesetzes, § 31 Nr. 2, 5 dieser Vorschriften).

Löschungen von Amtswegen.

§ 9.

Soll eine Eintragung im Genossenschaftsregister von Amtswegen gelöscht werden, weil sie wegen Mangels einer wesentlichen Voraussetzung unzulässig war (Gesetz über die Angelegenheiten der freiwilligen Gerichtsbarkeit §§ 142, 143), so erfolgt die Löschung durch Eintragung des Vermerkes: „Von Amtswegen gelöscht“.

Die für die Löschung unzulässiger Eintragungen im Genossenschaftsregister maßgebenden Vorschriften finden auch auf die Liste der Genossen Anwendung.

Gegenstandslos gewordene Eintragungen.

§ 10.

Eine Eintragung in das Genossenschaftsregister oder in die Liste der Genossen, die durch eine spätere Eintragung ihre Bedeutung verloren hat, ist rot zu unterstreichen oder in einer ihre Leserlichkeit nicht beeinträchtigenden Weise zu durchstreichen.

Kosten. § 11.

Für die Eintragungen in das Genossenschaftsregister oder in die Liste der Genossen mit Einschluß der Vormerkungen sowie für die Verhandlung und Entscheidung erster Instanz über Anträge auf solche Eintragungen werden Gebühren nicht erhoben; die Erhebung von Auslagen findet nach §§ 79, 80 und 80 b des Gerichtskostengesetzes statt (Gesetz § 159). Für die Benachrichtigungen über Eintragungen in die Liste der Genossen werden Schreibgebühren nicht erhoben.

II. Eintragungen in das Genossenschaftsregister.

Einrichtung des Registers. § 12.

Das Genossenschaftsregister wird nach dem in den einzelnen Bundesstaaten vorgeschriebenen Formulare geführt.

Jede Genossenschaft ist auf einem besonderen Blatte des Registers einzutragen; die für spätere Eintragungen noch erforderlichen Blätter sind freizulassen.

Registerakten. § 13.

Für jede in das Register eingetragene Genossenschaft werden besondere Akten gehalten.

In die Registerakten sind aufzunehmen die zur Eintragung in das Register bestimmten Anmeldungen nebst den ihnen beigefügten Schriftstücken, insbesondere den Zeichnungen von Unterschriften, die sonstigen dem Gericht eingereichten Urkunden nnd Belege, soweit sie sich nicht auf die Liste der Genossen beziehen (§ 27 Abs. 4), ferner die gerichtlichen Verfügungen sowie die Mitteilungen anderer Behörden und die Nachweise über die Bekanntmachungen.

Inhalt der Eintragung. § 14.

Jeder Eintragung ist außer der Angabe des Tages der Eintragung und der Unterschrift des Registerführers eine Verweisung auf die Stelle der Registerakten beizufügen, wo sich die zu Grunde liegende gerichtliche Verfügung (§ 2 dieser Vorschriften) befindet.

Eintragung des Statuts. § 15.

Vor der Eintragung des Statuts (Gesetz §§ 10 bis 12) hat das Gericht zu prüfen, ob das Statut den Vorschriften des Gesetzes genügt, insbesondere ob die in dem Statute bezeichneten Zwecke der Genossenschaft den Voraussetzungen des § 1 des Gesetzes entsprechen und ob das Statut die erforderlichen Bestimmungen (Gesetz §§ 6, 7, § 36 Abs. 1 Satz 2, § 131 Abs. 2 Satz 1) enthält.

Die Eintragung des Statuts in das Register erfolgt durch Aufnahme eines Auszugs. Der Auszug hat die im § 12 Abs. 2, 4 des Gesetzes bezeichneten Angaben, bei Genossenschaften mit beschränkter Haftpflicht auch die Höhe der Haftsumme und im Falle des § 134 des Gesetzes die höchste Zahl der Geschäftsanteile, auf welche ein Genosse sich beteiligen kann, zu enthalten.

Die Urschrift des Statuts (Gesetz § 11 Abs. 2 Nr. 1) ist zu den Akten zu nehmen; in dem Register ist auf die Stelle der Akten, wo das Statut sich befindet, zu verweisen.

Eintragung von Abänderungen des Statuts;

§ 16.

Beschlüsse der Generalversammlung, die eine Abänderung der im § 15 Abs. 2 dieser Vorschriften bezeichneten Bestimmungen des Statuts oder die Fortsetzung einer auf bestimmte Zeit beschränkten Genossenschaft zum Gegenstande haben, werden nach ihrem Inhalte, Beschlüsse, die eine sonstige Abänderung des Statuts betreffen, nur unter allgemeiner Bezeichnung des Gegenstandes eingetragen (Gesetz § 16).

Die eine der mit der Anmeldung eingereichten Abschriften des Beschlusses (Gesetz § 16 Abs. 3 Satz 1) ist zu den Akten zu nehmen; in dem Register ist auf die Stelle der Akten, wo die Abschrift sich befindet, zu verweisen.

insbesondere der Umwandlung einer Genossenschaft und der Herabsetzung der Haftsumme.

§ 17.

Im Falle der Umwandlung einer Genossenschaft (Gesetz §§ 143, 144) ist außer dem Umwandlungsbeschluß auch die durch den Beschluß bedingte Aenderung der Firma (Gesetz §§ 2, 3) und bei der Umwandlung in eine Genossenschaft mit beschränkter Haftpflicht die Höhe der Haftsumme, sowie im Falle des § 134 des Gesetzes die höchste Zahl der Geschäftsanteile, auf welche ein Genosse sich beteiligen kann, einzutragen.

In den im § 143 des Gesetzes bezeichneten Umwandlungsfällen sowie im Falle einer Herabsetzung der Haftsumme bei einer Genossenschaft mit beschränkter Haftpflicht (§ 133 daselbst) sind mit der Anmeldung des Beschlusses die Belege über die vorgeschriebenen Bekanntmachungen des Beschlusses einzureichen; zugleich haben die sämtlichen Mitglieder des Vorstandes die im § 133 Abs. 2 des Gesetzes vorgesehene schriftliche Versicherung abzugeben. Die Eintragung darf nur stattfinden, wenn zwischen der letzten der bezeichneten Bekanntmachungen und der Anmeldung ein Jahr verstrichen ist.

Im Uebrigen finden die Vorschriften des § 16 Anwendung.

Eintragungen in Ansehung der Mitglieder des Vorstandes.

§ 18.

Die Anmeldung und Eintragung der Vorstandsmitglieder (Gesetz § 10 Abs. 1, § 28) hat mit dem Beginn ihres Amtes zu erfolgen. Dasselbe gilt für den Fall der Bestellung von Stellvertretern behinderter Vorstandsmitglieder (Gesetz § 35). Bei der Eintragung sind die Vorstandsmitglieder nach Familiennamen, Vornamen, Beruf und Wohnort anzugeben.

Die Beendigung der Vertretungsbefugnis eines Vorstandsmitglieds ist alsbald nach dem Ausscheiden des Mitglieds aus dem Vorstand anzumelden und einzutragen. Als Beendigung der Vertretungsbefugnis gilt auch eine vorläufige Enthebung durch den Aufsichtsrat (Gesetz § 40).

Eine Beschränkung der Vertretungsbefugnis des Vorstandes kann nicht eingetragen werden.

Eintragung von Zweigniederlassungen.

§ 19.

Die Errichtung einer Zweigniederlassung außerhalb des Gerichtsbezirkes der Hauptniederlassung ist bei dem Gericht, in dessen Bezirke die erstere sich befindet, gemäß § 14 des Gesetzes zur Eintragung anzumelden. Die Eintragung erfolgt nicht, bevor die Eintragung der Hauptniederlassung nachgewiesen ist.

Von der bewirkten Eintragung der Zweigniederlassung hat das Gericht dem Gerichte der Hauptniederlassung Mitteilung zu machen. Auf Grund dieser Mitteilung wird die Errichtung der Zweigniederlassung im Register der Hauptniederlassung vermerkt (Gesetz über die Angelegenheiten der freiwilligen Gerichtsbarkeit §§ 131, 147).

Die bei dem Gerichte der Hauptniederlassung zu bewirkenden Anmeldungen und Einreichungen zum Genossenschaftsregister haben mit Ausnahme des Falles der Auflösung der Genossenschaft in der gleichen Weise auch bei dem Gerichte jeder Zweigniederlassung zu erfolgen (Gesetz § 157 Abs. 2).

Im Falle der Auflösung der Genossenschaft hat das Gericht der Hauptniederlassung von der in seinem Register bewirkten Eintragung unverzüglich zu dem Genossenschaftsregister einer jeden Zweigniederlassung Mitteilung zu machen; auf Grund dieser Mitteilung wird die Auflösung im Register der Zweigniederlassung vermerkt. Das Gleiche gilt im Falle der Konkurseröffnung sowie im Falle einer von Amtswegen im

Register der Hauptniederlassung bewirkten Löschung (§§ 9, 22, 23 dieser Vorschriften).

Wird abgesehen von den Fällen der Auflösung und der Nichtigkeit der Genossenschaft eine Zweigniederlassung aufgehoben, so ist dies in der gleichen Weise, wie die Errichtung, bei dem Gerichte der Zweigniederlassung zur Eintragung anzumelden und auf Grund der Mitteilung dieses Gerichts über die bewirkte Eintragung im Register der Hauptniederlassung zu vermerken (Gesetz über die Angelegenheiten der freiwilligen Gerichtsbarkeit §§ 131, 147).

Wird eine Zweigniederlassung in dem Gerichtsbezirk errichtet, welchem die Hauptniederlassung angehört, so ist nur die Errichtung und der Ort der Zweigniederlassung durch den Vorstand anzumelden und in dem Register bei der Hauptniederlassung einzutragen. Diese Vorschrift findet im Falle der Aufhebung entsprechende Anwendung.

Eintragung der Auflösung.

§ 20.

Die Eintragung der Auflösung einer Genossenschaft in das Register der Hauptniederlassung erfolgt

1. in den Fällen der §§ 78 und 79 des Gesetzes auf Grund der Anmeldung des Vorstandes,
2. in den übrigen Fällen von Amtswegen, und zwar in dem Falle des § 80 nach Eintritt der Rechtskraft des von dem Registergericht erlassenen Auflösungsbeschlusses, in dem Falle des § 81 auf Grund der von der zuständigen Verwaltungsgerichts- oder Verwaltungsbehörde erster Instanz dem Registergerichte mitgeteilten rechtskräftigen Entscheidung, durch welche die Auflösung ausgesprochen ist, im Falle der Eröffnung des Konkursverfahrens auf Grund der Mitteilung des Gerichtsschreibers des Konkursgerichts (Konkursordnung § 112); in dem letzteren Falle unterbleibt die Veröffentlichung der Eintragung (Gesetz § 102).

In allen Fällen der Auflösung, außer dem Falle der Eröffnung des Konkursverfahrens, sind die Liquidatoren von dem Vorstand anzumelden. Dies gilt auch dann, wenn die Liquidation durch die Mitglieder des Vorstandes als Liquidatoren erfolgt (Gesetz §§ 83, 84). Sind die Liquidatoren durch das Gericht ernannt, so geschieht die Eintragung der Ernennung und der Abberufung von Amtswegen (Gesetz § 84 Abs. 2).

Ist über die Form, in welcher die Liquidatoren ihre Willenserklärungen kundzugeben und für die Genossenschaft zu zeichnen haben, insbesondere über die Zahl der Liquidatoren, welche dabei mitwirken müssen, eine Bestimmung getroffen, so ist auch diese anzumelden und einzutragen (Gesetz § 85).

Im Uebrigen finden die auf den Vorstand bezüglichen Vorschriften des § 18 entsprechende Anwendung.

§ 21.

Sobald mit der vollständigen Verteilung des Genossenschaftsvermögens die Liquidation beendigt ist, haben die Liquidatoren die Beendigung ihrer Vertretungsbefugnis zur Eintragung anzumelden.

Die Aufhebung oder Einstellung des Konkursverfahrens (Konkursordnung §§ 163, 205, Gesetz § 116) ist auf Grund der Mitteilung des Gerichtsschreibers des Konkursgerichts im Genossenschaftsregister zu vermerken.

Eintragung der Nichtigkeit der Genossenschaft.

§ 22.

Soll eine Genossenschaft von Amtswegen als nichtig gelöscht werden, so ist in der Verfügung, welche nach § 142 Abs. 2, § 147 Abs. 2, 4 des Gesetzes über die Angelegenheiten der freiwilligen Gerichtsbarkeit der Genossenschaft zugestellt wird, ausdrücklich darauf hinzuweisen, daß der Mangel bis zur Löschung durch Beschluß der Generalversammlung gemäß § 95 Abs. 2 bis 4 des Genossenschaftsgesetzes geheilt werden kann.

Die Löschung erfolgt durch Eintragung eines Vermerkes, der die Genossenschaft als nichtig bezeichnet. Das Gleiche gilt in dem Falle, daß die Genossenschaft durch rechtskräftiges Urteil für nichtig erklärt ist (Gesetz §§ 94, 96).

Im Uebrigen finden die Vorschriften des § 20 Abs. 2 bis 4 und des § 21 Abs. 1 entsprechende Anwendung.

Eintragung der Nichtigkeit von Beschlüssen der Generalversammlung.

§ 23.

Soll ein eingetragener Beschluß der Generalversammlung von Amtswegen als nichtig gelöscht werden (Gesetz über die Angelegenheiten der freiwilligen Gerichtsbarkeit § 147 Abs. 3, 4), so erfolgt die Löschung durch Eintragung eines Vermerkes, der den Beschluß als nichtig bezeichnet. Das Gleiche gilt, wenn der Beschluß durch rechtskräftiges Urteil für nichtig erklärt ist (Gesetz § 51 Abs. 5).

Berichtigung von Schreibfehlern.

§ 24.

Schreibfehler und ähnliche offenbare Unrichtigkeiten, die in einer Eintragung vorkommen, sind von dem Gerichte zu berichtigen, ohne daß es einer vorgängigen Benachrichtigung der Genossenschaft bedarf. Die Berichtigung erfolgt durch Eintragung eines Vermerkes.

§ 25.

Das Genossenschaftsregister ist dauernd aufzubewahren.

Die Registerakten (§ 13) können nach Ablauf von dreißig Jahren seit der Eintragung einer der im § 21 bezeichneten Thatsachen vernichtet werden.

III. Die Eintragungen in die Liste der Genossen.

Oeffentlichkeit der Liste.

§ 26.

Die Einsicht der Liste der Genossen ist Jedem gestattet (Gesetz § 12 Abs. 3).

Die Vorschriften des § 9 Abs. 2, 3 des Handelsgesetzbuchs über die Erteilung von Abschriften und Bescheinigungen aus dem Handelsregister und aus den zu dem Handelsregister eingereichten Schriftstücken finden auch auf die Liste der Genossen und auf die zu der Liste eingereichten Schriftstücke Anwendung.

Einrichtung der Liste.

§ 27.

Die Liste der Genossen wird für jede in das Register eingetragene Genossenschaft nach dem anliegenden Formulare geführt. Sie bildet eine besondere Beilage zum Genossenschaftsregister.

Auf dem Titelblatte der Liste sind die Firma und der Sitz der Genossenschaft sowie Beginn und Ende des Geschäftsjahrs (Gesetz § 8 Abs. 1 Nr. 3, § 12 Abs. 1 Nr. 6) anzugeben.

Bei jeder Eintragung ist der Tag der Eintragung anzugeben; eine Unterzeichnung der Eintragung ist nicht erforderlich.

Die Anträge, Schriftstücke und Verfügungen, auf Grund deren die Eintragung stattfindet, sind mit der laufenden Nummer, unter welcher der Genosse in die Liste eingetragen ist, zu versehen und, nach Jahrgängen gesammelt, aufzubewahren.

Liste der Zweigniederlassung.

§ 28.

Eine Liste der Genossen wird auch bei jedem Gerichte geführt, in dessen Register eine Zweigniederlassung der Genossenschaft eingetragen ist. Die Eintragungen in diese Liste erfolgen nicht auf Grund unmittelbarer Anzeigen oder Anträge der Beteiligten, sondern auf Grund der von dem Gerichte der

Hauptniederlassung dem Gerichte der Zweigniederlassung gemachten Mitteilungen über die in der Hauptliste bewirkten Eintragungen (Gesetz § 158 Abs. 1).

Eintragung des Beitritts.

§ 29.

In den Spalten 1 bis 4 werden die Mitglieder der Genossenschaft unter laufenden Nummern nach Familiennamen, Vornamen, Beruf und Wohnort eingetragen.

Als erste Mitglieder einer zur Eintragung angemeldeten Genossenschaft sind die Unterzeichner des Statuts einzutragen. Es ist darauf zu achten, daß diese auch in der mit der Anmeldung des Statuts von dem Vorstand eingereichten besonderen Liste (Gesetz § 11 Abs. 2 Nr. 2) aufgeführt sind.

Bei der Eintragung eines Genossen, der nach der Anmeldung des Statuts der Genossenschaft beitritt, hat das Gericht zu prüfen, ob die Beitrittserklärung (Gesetz § 15) die Unterschrift des Genossen trägt, eine unbedingte ist und bei Genossenschaften mit unbeschränkter Haftpflicht oder unbeschränkter Nachschußpflicht die in den §§ 120, 127 des Gesetzes vorgeschriebene Bemerkung enthält, sowie ob die Einreichung ordnungsmäßig durch den Vorstand erfolgt ist (§ 7 dieser Vorschriften).

Auf die Echtheit der Unterschrift und die Wirksamkeit der Beitrittserklärung erstreckt sich die Prüfung des Gerichts nicht; vielmehr bleibt es im Allgemeinen den Beteiligten überlassen, Mängel in dieser Richtung im Wege der Klage geltend zu machen. Eine Ablehnung der Eintragung aus solchen Gründen ist jedoch nicht ausgeschlossen, falls die Unwirksamkeit der Beitrittserklärung, ohne daß es weiterer Ermittelungen bedarf, aus den dem Gerichte bekannten Thatsachen sich als zweifellos ergiebt.

Bei der Benachrichtigung des Genossen und des Genossenschaftsvorstandes über die Vornahme der Eintragung (Gesetz § 15 Abs. 4, oben § 3) ist die laufende Nummer, unter welcher die Eintragung bewirkt ist, anzugeben.

Eintragung weiterer Geschäftsanteile.

§ 30.

Die Spalten 5 und 6 dienen zur Eintragung der weiteren Geschäftsanteile bei solchen Genossenschaften mit beschränkter Haftpflicht, deren Statut die Beteiligung der Genossen auf mehr als einen Geschäftsanteil gestattet (Gesetz §§ 134 bis 137). Der erste Geschäftsanteil wird nicht eingetragen.

Die Eintragung erfolgt auf Grund der von dem Vorstand eingereichten Beteiligungserklärung des Genossen und der schriftlichen Versicherung des Vorstandes, daß die übrigen Geschäftsanteile des Genossen erreicht seien.

Bei der Einreichung der Urkunden ist die Nummer, unter welcher der Genosse in die Liste eingetragen ist, anzugeben.

Hinsichtlich der Prüfung der Urkunden finden die Vorschriften des § 29 Abs. 3, 4 entsprechende Anwendung.

Bei anderen, als den im Abs. 1 bezeichneten Genossenschaften ist die fünfte und sechste Spalte der Liste mit Rücksicht auf die Möglichkeit einer späteren Umwandlung der Genossenschaft offen zu lassen.

Einreichung der Urkunden im Falle des Ausscheidens von Genossen.

§ 31.

Die Eintragung des Ausscheidens von Genossen erfolgt auf Grund der vom Vorstand eingereichten Urkunden. Diese sind:

1. im Falle der Aufkündigung eines Genossen (Gesetz §§ 65, 69) die Kündigungserklärung des Genossen und die schriftliche Versicherung des Vorstandes, daß die Aufkündigung rechtzeitig erfolgt sei;
2. im Falle der Aufkündigung des Gläubigers eines Genossen (Gesetz §§ 66, 69) die Kündigungserklärung des Gläubigers und die in Nr. 1 bezeichnete Versicherung des Vorstandes, außerdem beglaubigte Abschrift des rechtskräftigen Urteils oder sonstigen Schuldtitels und des Beschlusses, durch welchen das Geschäftsguthaben des Genossen für den Gläubiger gepfändet und diesem überwiesen ist, sowie des Protokolls des Gerichtsvollziehers oder der sonstigen Urkunden, aus denen sich die Fruchtlosigkeit einer innerhalb der letzten sechs Monate vor der Pfändung und Ueberweisung des Geschäftsguthabens gegen den Genossen versuchten Zwangsvollstreckung ergiebt;
3. im Falle der Aufgabe des Wohnsitzes eines Genossen bei Genossenschaften, deren Statut die Mitgliedschaft an den Wohnsitz innerhalb eines bestimmten Bezirkes knüpft (Gesetz § 8 Abs. 1 Nr. 2, §§ 67, 69), die Austrittserklärung des Genossen oder Abschrift der an den Genossen gerichteten Erklärung, mit welcher die Genossenschaft das Ausscheiden des Genossen verlangt hat, sowie eine Bescheinigung der Polizei- oder Gemeindebehörde über den Wegzug aus dem Bezirke;

4. im Falle der Ausschließung eines Genossen aus der Genossenschaft (Gesetz §§ 68, 69) Abschrift des Ausschließungsbeschlusses;
5. im Falle der Uebertragung des Geschäftsguthabens (Gesetz §§ 76, 138) die zwischen dem Ausscheidenden und dem Erwerber des Guthabens wegen der Uebertragung geschlossene Uebereinkunft oder eine beglaubigte Abschrift der Uebereinkunft und,
   falls der Erwerber bereits Mitglied der Genossenschaft ist, die schriftliche Versicherung des Vorstandes, daß das bisherige Geschäftsguthaben des Erwerbers mit dem ihm zuzuschreibenden Betrage den Geschäftsanteil oder — im Falle des § 138 des Gesetzes — die der höchsten Zahl der Geschäftsanteile entsprechende Gesamtsumme nicht übersteigt,
   falls der Erwerber des Guthabens noch nicht Mitglied der Genossenschaft ist, seine vorschriftsmäßige Beitrittserklärung;
6. im Falle des Todes eines Genossen (Gesetz § 77) eine Anzeige des Sterbefalls; als solche genügt eine von den Angehörigen des Verstorbenen veröffentlichte oder der Genossenschaft erstattete Anzeige und mangels einer solchen die Erklärung des Genossenschaftsvorstandes, daß der Todesfall eingetreten sei.

Zeit der Einreichung.

§ 32.

In den Fällen der Aufkündigung des Genossen oder des Gläubigers eines Genossen hat die Einreichung der Urkunden durch den Vorstand spätestens sechs Wochen vor dem Schlusse des Geschäftsjahrs (Gesetz § 69 Abs. 1) zu erfolgen. Die Einreichung der im Laufe des Geschäftsjahrs erfolgten Aufkündigungen kann bis zu dem bezeichneten Zeitpunkt aufgeschoben und zusammen bewirkt werden.

Dasselbe gilt in den Fällen der Austrittserklärung wegen Aufgabe des Wohnsitzes und der Ausschließung; sind jedoch diese Thatsachen erst in den letzten sechs Wochen des Geschäftsjahrs eingetreten, so ist die Einreichung unverzüglich zu bewirken.

In den Fällen der Uebertragung des Geschäftsguthabens und des Todes eines Genossen hat die Einreichung durch den Vorstand unverzüglich zu erfolgen.

Bei der Einreichung der Urkunden ist die Nummer, unter welcher der ausscheidende Genosse in die Liste eingetragen ist, anzugeben.

Hinsichtlich der Prüfung der Urkunden finden die Vorschriften des § 29 Abs. 3, 4 entsprechende Anwendung.

Eintragung des Ausscheidens.

§ 33.

Das Ausscheiden von Genossen wird in den Spalten 7 bis 9 der Liste eingetragen.

Außer der das Ausscheiden begründenden Thatsache (§ 31 Nr. 1 bis 6) ist in den Fällen der Aufkündigung, des Wegzugs aus dem Bezirk und der Ausschließung in der Spalte 8 zugleich der Jahresschluß, zu welchem die Aufkündigung, Austrittserklärung oder Ausschließung erfolgt ist, zu vermerken.

Im Falle der Uebertragung des Geschäftsguthabens ist in der Spalte 8 außer der Uebertragung die Person des Erwerbers und die laufende Nummer, unter welcher er in die Liste eingetragen ist oder eingetragen wird, anzugeben. Ist der Erwerber noch nicht Genosse, so darf die Uebertragung nur gleichzeitig mit dem Beitritte des Erwerbers eingetragen werden.

Im Falle des Todes eines Genossen ist der Zeitpunkt des Todes zu vermerken.

§ 34.

Der Tag des Ausscheidens wird in der Spalte 9 eingetragen. Da mit den im Gesetze bestimmten Ausnahmen das Ausscheiden nur zum Schlusse eines Geschäftsjahrs und nur nach erfolgter Eintragung wirksam wird, so kann als Zeitpunkt des Ausscheidens regelmäßig nur der letzte Tag des Geschäftsjahrs, in welchem die Eintragung stattfindet, eingetragen werden.

Soll nach den eingereichten Urkunden das Ausscheiden nicht zum Schlusse des laufenden, sondern eines späteren Geschäftsjahrs stattfinden, so ist dieser spätere Zeitpunkt einzutragen.

Wird die Einreichung der Urkunden oder die Eintragung selbst erst nach dem Jahresschlusse, mit welchem das Ausscheiden stattfinden sollte, bewirkt, so kann es erst mit dem nächsten Jahresschlusse wirksam werden; in diesem Falle ist deshalb der letztere Zeitpunkt als Tag des Ausscheidens in die Liste einzutragen. Eine Ausnahme gilt für die Eintragung des Ausscheidens bei Todesfällen, indem hier das Ausscheiden des Erben nicht von der vorgängigen Eintragung in die Liste abhängig ist (Gesetz § 77). Auch bei verspäteter Einreichung der Todesanzeige ist deshalb der letzte Tag desjenigen Geschäftsjahrs, in welchem der Todesfall eingetreten ist, als Zeitpunkt des Ausscheidens einzutragen.

Auf den Fall des Ausscheidens durch Uebertragung des Geschäftsguthabens finden die vorstehenden Bestimmungen keine

Anwendung. In diesem Falle wird das Ausscheiden unmittelbar durch die Eintragung wirksam; der Tag der letzteren ist deshalb auch der Zeitpunkt des Ausscheidens und als solcher in der Liste zu vermerken.

Eintragung von Vormerkungen.

§ 35.

Vormerkungen zur Sicherung des Ausscheidens (Gesetz § 71) werden in den Spalten 7 und 8 eingetragen. Die Eintragung erfolgt auf Antrag des Genossen, welcher das Ausscheiden beansprucht, im Falle des § 66 des Gesetzes auf Antrag des Gläubigers des Genossen. Die Thatsachen, auf welche der Anspruch gegründet wird (rechtzeitig bewirkte Aufkündigung, Uebertragung des Geschäftsguthabens, Tod des Erblassers u. s. w.), sind anzugeben; des Nachweises oder der Glaubhaftmachung bedarf es nicht.

Der Zeitpunkt, zu welchem das Ausscheiden beansprucht wird, ist ebenfalls in der Spalte 8 anzugeben. Er bestimmt sich nach den Grundsätzen, welche maßgebend sein würden, wenn statt der Vormerkung das Ausscheiden selbst einzutragen wäre (§ 34). In der Spalte 9 wird der hiernach vorgemerkte Zeitpunkt erst eingetragen, wenn das Ausscheiden durch Anerkenntnis des Vorstandes oder durch rechtskräftiges Urteil festgestellt ist und dies in die Liste eingetragen wird (Gesetz § 71 Abs. 2).

Unwirksame Eintragungen; Berichtigung von Schreibfehlern.

§ 36.

Ist die Unwirksamkeit einer Eintragung durch eine übereinstimmende Erklärung des beteiligten Genossen und des Vorstandes der Genossenschaft in beglaubigter Form anerkannt oder durch rechtskräftiges Urteil festgestellt, so ist dies auf Antrag eines der beiden Teile in der letzten Spalte einzutragen.

Schreibfehler und ähnliche offenbare Unrichtigkeiten, die in einer Eintragung vorkommen, sind von dem Gerichte durch einen Vermerk in der letzten Spalte zu berichtigen.

§ 37.

Die Liste der Genossen ist dauernd aufzubewahren.

Auf die nach Jahrgängen gesammelten Anträge, Schriftstücke und Verfügungen (§ 27 Abs. 4) findet die Vorschrift des § 25 Abs. 2 entsprechende Anwendung.

Berlin, den 1. Juli 1899.

Der Reichskanzler.
Fürst zu Hohenlohe.

Anlage.

Liste der Genossen

für

....

Das Geschäftsjahr beginnt am..

und endigt am ....

Laufende Nummer.	Genossen			Weitere Geschäftsanteile.	
	Tag der Eintragung.	Name und Beruf.	Wohnort.	Tag der Eintragung.	Zahl der weiteren Geschäftsanteile.
1.	2.	3.	4.	5.	6.
1.	4. Februar 1900	Meier, Wilhelm, Schlossermeister	Merseburg		
2.	4. Februar 1900	Böttcher, Hermann, Tischlermeister	"		
3.	15. März 1900	Kraus, Philipp, Kaufmann	"	15. Dezbr. 1900 1. Juni 1901	1 1 2
4.	15. März 1900	Himmelreich, Anton, Klempnermeister	"		
5.	15. März 1900	Kannegießer, Adolf, Auslaufer	"		
6.	15. März 1900	Müller, Hans, Landwirt	Bolzhausen	1. Mai 1901	1
7.	2. April 1900	Schulz, Eduard, Gastwirt	Merseburg		
8.	2. April 1900	Becker, Matthias, Maurermeister	"		

Ausscheiden: Tag der Eintragung.	Ausscheiden: Grund des Ausscheidens.	Ausscheiden: Tag des Ausscheidens.	Bemerkungen.
7.	8.	9.	10.
18. November 1902	Aufkündigung zum 31. Dezember 1902	31. Dezember 1902	
			Die Eintragung des Beitritts ist durch rechtskräftiges Urteil für unwirksam erklärt. Eingetragen am 6. Juli 1901.
7. August 1902	Gestorben am 30. Juli 1902	31. Dezember 1902	
5. Juni 1901	Uebertragung des Guthabens an .... (Nr. ....)	5. Juni 1901	
25. Januar 1903	Ausschließung zum 31. Dezember 1903	31. Dezember 1903	
20. Dezember 1903 4. März 1904	Vorgemerkt Kündigung zum 31. Dezember 1903 Anerkannt	31. Dezember 1903	
20. Dezember 1902	Wegen Aufgabe des Wohnsitzes im Bezirk ausgetreten zum 31. Dezember 1902	31. Dezember 1902	

III.

Gesetz

betreffend die Abänderung des Gesetzes über die Erwerbs- und Wirtschaftsgenossenschaften vom 1. Mai 1889

sowie den

Geschäftsbetrieb von Konsumanstalten.

Vom 12. August 1896.

Artikel 2.

Die im Artikel 1 Nr. 1, 3 und 7 enthaltenen Vorschriften finden auf Konsumanstalten, welche von Arbeitgebern für ihre Arbeiter und Beamten betrieben werden, sowie auf Vereinigungen (Gesellschaften, Korporationen), deren wesentlicher Geschäftszweck es ist, ihren Mitgliedern oder bestimmten Berufskreisen in dem Bezug von Waren Vorteile zu verschaffen, insbesondere auch auf Beamten- und Offiziervereine mit der Maßgabe sinngemäße Anwendung, daß die hinsichtlich der Mitglieder der Konsumvereine getroffenen Bestimmungen bei den vorbezeichneten Konsumanstalten und Vereinigungen hinsichtlich derjenigen Personen gelten, für welche die Einrichtung bestimmt ist. Jedoch ist es den Konsumanstalten und Vereinigungen der vorbezeichneten Art gestattet, in ihren Speiseanstalten Waren zum alsbaldigen persönlichen Verbrauch auch an Dritte abzugeben.

Artikel 1 Nr. 1 des Gesetzes vom 12. August 1896 bildet den 4 Absatz des § 8 des Genossenschaftsgesetzes (oben Seite 13), Nr. 3 bildet die §§ 31 und 32 (oben Seite 29), Nr. 7 bildet die §§ 152, 153, 154 des Gesetzes (oben Seite 90 ff.)

Der Artikel 2 wurde erst in der Kommission gegen den Widerspruch der Regierungsvertreter geschaffen.

Nach Artikel 2 dürfen Arbeitgeber aus den von ihnen betriebenen Konsumanstalten nur an ihre Arbeiter und Beamte Waren verabfolgen; das Gleiche wurde festgesetzt für Vereinigungen, die ihren Mitgliedern oder bestimmten Berufskreisen in dem Bezuge von Waren Vorteile zu verschaffen bezwecken; der Geschäftsbetrieb darf sich nur auf die Mitglieder oder den bestimmten Berufskreis beschränken.

Nicht in Betracht kommt, auf welcher rechtlichen Grundlage die Konsumanstalt oder die Vereinigung aufgebaut ist.

Der Schlußsatz des Paragraphen entspricht der Ziffer 2 des 2. Absatzes des § 153 des Genossenschaftsgesetzes.

Artikel 3 des Gesetzes vom 12. August 1896 bestimmt den Zeitpunkt des Inkrafttretens des Gesetzes und setzt als solchen den 1. Januar 1897 fest.

Sachregister.

Die **fetten** Ziffern bedeuten die Paragraphen des Gesetzes, die andern Ziffern die Seiten.

A.

B.

C.

D.

E.

F.

G.

H.

O.

P.

R.

W.

Z.

FSC
www.fsc.org
MIX
Papier | Fördert
gute Waldnutzung
FSC® C083411

Kolibri 360 GmbH
Ferdinand-Jühlke-Straße 7
99095 Erfurt, Deutschland
produktsicherheit@kolibri360.de